理想の図書館とは何か

知の公共性をめぐって

根本 彰 著

ミネルヴァ書房

はしがき

　これを書いている二〇一一年七月上旬の時点で、東日本大震災はまだ収束したとはいえないが、三・一一が今後のすべての出発点になるほどのトラウマを私たちに残したことは確かである。トラウマとは無意識に作用した負の記憶がその後の精神に強い働きを及ぼすことを意味する。このトラウマは今後の日本人の歴史意識に大きなエポックを刻み込むことになるだろう。

　この災害が起こる前から、歴史学や人類学などの分野で記憶と記録との関係についての議論が高まっていた。従来の歴史学が依拠していた文書資料の出処が政治的、社会的あるいはジェンダー的に偏りがあることが指摘され、文書によらない語り継がれる記憶をもとにした歴史の再構築が試みられていた。

　言うまでもないことだが、歴史の体験者がすなわち歴史の担い手となるわけではない。歴史とはまさに集合的な記憶であるから、歴史の素材である数々の証言や資料に対する解釈が歴史を構成する。その資料のあり方は、体験そのものの生の証言や語り、それを日記や手記に書き連ねた記録や手紙などの文書、体験を個人的、集合的に受け継いでいる人たちなど多様なかたちをとる。さらには、これらの資料をまとめてとり扱う社会的記憶装置とでも呼ぶべき施設がある。それを顕彰した記念碑や記念館、展示として歴史を表象する博物館や資料館、資料を収集し保存する図書館や文書館がそれである。トラウマは個人や家族などの関係者の記憶に刻み込まれるだけでなく、社会的な装置としてのこうした機関の機能として保持されるはずのものである。

近年、ＭＬＡ連携の呼び名のもとに、博物館（Museum）、図書館（Library）、文書館（Archives）が相互に結びつけて議論されるようになり、社会的記憶装置としての共通性が改めて議論されるようになった。だが実を言えば、ＭＬＡいずれの関係者も、その共通性を議論されることは迷惑に思っているのではないかと思われる。以前からハコものとして一括される傾向にあったから、機関としての独自性と扱っている資料および扱う方法の差異を強調した方が存在を示しやすいからである。このあたりに、日本の文化政策の貧困を見て取ることができる。行政はまず施設をつくることを優先するが、本来は、資料がもつ価値があり、これを納める場として施設を設けるべきなのである。集合的な記憶をどのように継承していくのかを考えたときに、モノそのものがもつ価値を扱う博物館と出版物等の知識コンテンツを扱う図書館、何らかのやりとりの記録として一点しかない文書を扱う文書館はそれぞれ扱う対象と方法が異なるものであるが、それゆえにどの機能も必要なものである。すなわちここでは、ＭＬＡの独自性を評価しながらかつ記憶機関としての共通性を論じるべきである。

本書は、ここ数年で筆者が書き連ねた図書館に関する文章を編集しなおして収めてある。そこには、日本で社会的記憶機関としての図書館をどのように構築するかについての議論を展開している。日本の図書館の制度でややこしいのは、図書館法という法律が公共図書館のみを対象にしている一方、国、大学、学校、会社法人、非営利法人がそれぞれの目的に応じて設置している図書館があることである。だから図書館というとき、どちらを指すのかがわかりにくい。本書は二つの部分に分かれており、第Ｉ部は広い意味での図書館論を展開し、第Ⅱ部はそのなかの公共図書館についての論を集めた。

本書の各章で表現したかったのは、図書館が社会的な記憶装置としてあるべき姿とともに、その実現を妨げている日本の状況である。どのような組織においても、みずからの構成員のコミュニケーション、仕事の効率化、構成員の子弟の教育、新しい知の研究開発などを行うためのナレッジマネジメントを行うための装置を組み込んでいる。

筆者のきわめておおざっぱな理解は次のようなものである。日本社会においてはナレッジマネジメントが最初から官僚制に組み込まれていたが、それがさまざまな機能不全を起こしていることは原発事故を例にしなくとも明らかである。これに対して、西欧のとくにアングロサクソン系の国々では、歴史的にナレッジマネジメントの専門職化を進めており、その主要な担い手として図書館の専門家を育ててきた。日本にも第二次大戦後それが導入されたが、これまでは官僚制およびそれを前提とした組織の壁に跳ね返されてきたように思われる。

本書第Ⅰ部ではその過程を図書館のみならずネットワーク社会化、出版流通、学校教育、コミュニティ形成などのコンテクストを意識しながら明らかにすることを試みた。第Ⅱ部でとくに扱っているのは、公共図書館のサービス戦略のあり方である。公共図書館関係者の間には、本書で主張する社会的記憶装置というナレッジマネジメントの手法とは異なる戦略を主張する考え方が根強い。これが消費社会の到来に基づく出版の商業主義化と表裏一体をなすものであったことから、その方向が図書館のナレッジマネジメントを歪めるものであったことを述べている。

章と章の間に「コラム」を挿入してある。これらは筆者が生まれ育った福島県いわきの地元夕刊紙

『いわき民報』に掲載した連載記事を元にしている。二〇〇七年に新しい図書館ができることになったが、図書館に関わる思い出話も含めて、地方都市における図書館の具体的なあり方に言及している。いわきは今、地震、津波の直接被害に加えて、原発事故の間接被害や風評被害までも含めた四重苦に悩まされているところである。図書館は施設面での被害があったが、幸いにして五月末に再開するまでにこぎつけている。この図書館がどのようにしていわきの今回の災害を社会的記憶として残し、またいわき復興の大いなる力となることができるかが問われることになる。筆者自身の課題は、こうしたことを通じて、日本における図書館をはじめとする社会的記憶機関の在り方について再考するきっかけを提供することである。

二〇一一年七月三日

根本　彰

理想の図書館とは何か――知の公共性をめぐって

目次

第Ⅱ部　公立図書館論の展開

目　次

第Ⅰ部　図書館を考えるための枠組み

大英博物館（著者撮影）

第1章　日本の知識情報管理

1　図書館と開放型ネットワーク

開放型ネットワークとは

図書館とは、近代社会に埋め込まれた開放系の知のネットワーク装置である。大学や研究施設などの知的創造を行っている部門に図書館を設置することは当然のものとされている。また、近代国家はナショナルライブラリーを設置して国民文化的なアイデンティティの源泉のひとつとし、一九世紀後半以降の都市には成人教育の場としてパブリックライブラリーが設置された。二〇世紀になると、学校教育の方法が教師による知識注入型から学習者が主体になる知識探究型に変化するにしたがって、これをサポートするための学校図書館が重視され始めた。

図書館は単なる書籍の保存提供施設ではない。何よりもその開放性が重要である。学術の世界は、最近でこそ知的財産権の主張や学術出版産業の寡占化の影響で閉鎖的な様相も見せているが、そもそもは知識人の自由な交流ネットワークが支配してきた世界である。学術の成果は、個人の業績として認められそれぞれが就職や昇進のような実利につながることはあるとしても、基本的には学術の世界に貢献したという名誉の構造に組み込まれることで維持されてきた。著作権で言えば、著作者人格権の部分の尊重である。そして、教育や文化もそうした学術研究の開放性規範が元になってきた。だから、知識とは特定の個人や集団を超えて社会で共有されるべきものであり、それは国を超えたネットワークとなる。

その意味でインターネットと同型の仕組みであり、そのことはヴァネヴァー・ブッシュやアラン・リックライダーなど二〇世紀中頃にインターネットにつながるアイディアを出した工学者たちが書籍および図書館の電子化を出発点にしたことからも明らかである[1]。図書館は知を生産する個人が知を社会化し、それを使用する人がそれを自由に入手することのできる開放型ネットワーク装置として近代社会に組み込まれたのである。ヤフーやグーグルのアイディアもネットワークのサイトを本に見立てて、その総合目録をつくったり、総索引をつくったりすることと等価である。そこから全文検索によるグーグルブックスの出現まではもう一歩である。インターネットはまぎれもなく電子図書館になりつつある。

知識情報管理の閉鎖性

本章は、そうした社会装置の仕掛けが日本でもつくられようとしたにもかかわらず、機能不全を起こしていたことを示すいくつかの事例を報告しようというものである。知識の開放ネットワークを生かす前提として、社会の組織自体が開放的な知識システムをもつことが必要である。しかしながら、日本はみずからの社会組織にきわめて閉鎖的な知識情報管理の仕組みを築いてきた。

日本で図書館や文書館が十分に機能していないのは、知を特定集団の共有物にとどめることで権威を保ち権力を行使する考え方が強かったからであるが、時代はそれをすでに許さなくなっている。情報公開制度が中央・地方の行政に採用され、国民・住民は行政を監視することができる。どんな組織も説明責任（アカウンタビリティ）を問われる。企業には法令遵守（コンプライアンス）が求められ、公益通報者保護法によって内部告発が促進される。また、医療行為には説明を受けた上での合意（インフォームド・コンセント）が当然とされる。これら最近使われるカタカナ用語はすべて情報開示に関わっている。

公開性の情報ネットワークの典型は先にも述べたようにインターネットである。一部にはインターネットが普及したことで、図書館や文書館のような公共機関は不要になるという意見もあるが、それは違うだろう。インターネットには大量の情報が存在し、検索エンジンですぐに取り出せるようになっているが、ネット上にあるのは公開されたいい情報だけである。逆に言えば、情報の公開を進める努力をしない限り、入手できるものは限られているということである。むしろ、情報過多の状況をつくることにより、検索エンジンがフィルタリング装置となって状況を隠蔽する作用をもたらすことのほうが問題である。

2　戦争と情報管理

戦後史観と情報

戦後教育改革が、連合国軍による日本人に対する長期的な思想改造のプロセスであったという保守系の論者の見方がある。占領期に検閲を行ったり教育改革によるイデオロギー注入を行ったりしたことで、日本人が自ら起こした戦争の責任や戦後社会のあり方について決定的な誘導が行われ、自虐的な歴史観がもたらされたというものである。そうしたことがあったという指摘は一面の真理を含むものであるが、全体像をとらえたものとは言い難い。戦時体制において情報のコントロールが伴うことは当然である。だが、ある戦争の前後で採用された体制の相違から一時的に異なった歴史観が注入されることがあったとしても、それが決定的にその後の歴史観を左右することがありうるだろうか。歴史は検閲や教科書検定のような情報操作で変更できるものではなく、もっと長期的な国民的議論のもとにつくりあげられるものであり、実際に戦後はそうした過程にあったと思われる。

だが、そのためには歴史的議論をするのに参照する豊富な情報源がなくてはならない。この点で、近代日本は大きな問題を抱えてきたということができる。歴史をつくるためには自らが行ったことを振返るための資料が不可欠であるが、日本社会はそうした自己参照の資料群を組織的につくることを避けていた。もし、歴史観が偏っていたというのであればその形成プロセスを検証する必要があるが、検証できないような状況が存在していたのではないだろうか。

ゴードン・プランゲの仕事

占領期の検閲を詳細に検討して戦後思想の出発点が操作されたものであったという議論の端緒をつくった江藤淳は、その著『閉ざされた言語空間』を書くにあたって、ワシントンＤＣの郊外にある図書館と公文書館に通って資料の博捜を行った(2)。江藤は、占領軍が日本に言論の自由を与えるといいながら検閲を行い、それも検閲の事実そのものを隠蔽しながら行った欺瞞的なものだったという主張をするために、その検閲の事実を示す資料がアメリカにしっかりと保存されているのを利用したのである。

彼が利用した検閲関係の資料は二種類ある。一つは、スートランドにある国立公文書館（NARA）の分室に保管されていた膨大な占領軍関係資料のなかで検閲を担当した機関の公文書である。そしてもう一つはメリーランド大学マッケルディン図書館にあるプランゲ・コレクションで、これは検閲を受けた書籍と雑誌、新聞のコレクション合計七万点からなる。つまり、検閲を行った機関の文書と検閲の対象となった出版物とがそれぞれ別の機関で保存され、利用可能になっていたことで彼はこの本を書くことができた。

連合国軍は国際機関であったが実質的にアメリカ軍が担っていたから、占領行政の公文書は連邦政府法に基づいて一定期間の保存ののちに公開されることになっている。したがって前者の占領軍資料は制度的に後世において利用することが保証されていたものである。それに対して、後者の検閲対象資料は公文書の範疇には含められず、占領が終われば廃棄される運命にあったものであるが、担当者の判断で自らの大学に持ち込まれ保管されていたものである。

この担当者は後にメリーランド大学の歴史学教授になるゴードン・プランゲである。彼はアイオワ大学で歴史学のトレーニングを受けた後メリーランド大学で教えていた一九四五年（昭和二〇）のちょうど日本の占領行政が始まったときに、請われてマッカーサーの連合国軍総司令部（GHQ／SCAP）の一員となった。彼の仕事は、当初江藤が描いた出版物検閲に関わるものであったが、その後の大半の期間は太平洋戦争の正史を書くことに費やされた。その作業はマッカーサーの失脚で正史として刊行されずに終わったが、真珠湾攻撃やミッドウェイ海戦などの戦史や第二次大戦時に国際社会の裏舞台で活躍したリヒァルト・ゾルゲの研究書として結実した(3)。とくに太平洋戦争の日米の軍隊の行動を研究した前二著には日本軍関係者に対するインタビューが多数使われており、これは彼が占領期全体を通じて日本に滞在して研究を継続した結果もたらされたものであったことを示している。

アメリカの知識情報管理

さて、ここで論じておきたいのは戦争と情報管理の問題である。占領軍の公文書は国立公文書館で公開された。また、プランゲは歴史学者として占領行政に関わり、彼の判断で検閲資料が保存公開されることができた。これは戦争あるいは軍事占領といえどもそれが終われば実証的な歴史学の対象になることが想定されていたことを示している。日本軍や日本政府が戦争末期に戦争裁判を怖れて大量の文書を焼いたことが知られているが、そうした態度とは逆のものである。もちろん戦勝国と戦敗国の違いはあるだろう。残された文書にどのような操作が加えられているのかについても予断を許さない。

しかしながら、ここには米国社会がもつ知識情報管理についての考え方の典型が示されている。彼の国では、機能的な組織は合理的な知識情報管理システムをもつことが要請される。知識情報管理システムには文書管理システムと文献管理システムが含まれる。

まず、文書管理システムであるが、組織には文書がつきものでありそれを管理するのは当然のことながら、これを時間軸に沿って管理することによって評価や歴史のための資料とする。近代において最も合理的な組織の一つであるべき軍隊には、機密を保持しながら効率的に任務を伝達する通信と文書管理システムがつくられる。しかしながらこれらも一定の期間の後には、公文書館に送られることになる。このプロセスの重要性については日本でも、二〇〇九年の公文書管理法の成立の議論を通じてようやく知られてきた。公文書館は歴史的な再帰性確保のためにあるといってよいだろう。

他方、文献管理システムとは通常は書籍・雑誌・新聞・地図・レポートなどの印刷物の形をとった組織の構成員が共有すべき知識を管理する仕組みのことである。文献管理は二〇世紀になると新しいメディアを取り入れてどんどん変化していった。写真、映画、録音テープなどのマルチメディア資料が開発されることで記録の手法が格段に拡がった。また、紙媒体をマイクロフィルム化して管理することで省スペースと検索性が格段に向上した。これらのニューメディアを含めた文献管理の手法はドキュメンテーションと呼ばれた。

軍隊はドキュメンテーションの実験の場であった。軍事行動には写真や映画撮影の要員が送り込まれ、撮影された写真や映像は戦術や戦略を立てる際に文書や文献資料を補うものとして大きな役割を果たすことになる。また組織的に空中写真を撮影したり、軍事活動のための地図を作成したりした。これらの資料は一時的な作戦や軍事行動のためだけでなく、軍隊全体で共有することが作成の目的であったから、一点一点の資料について統一的な整理が行われて一定の規則に従って目録が作成された。ドキュメンテーションとは、このように、個々の資料に対してそれが存在することを知らない人も再利用が可能なようアクセス手段を付加することをいう。

戦争の文献管理

一例を挙げよう。ときどきテレビや映画などで第二次大戦中の海戦や原爆投下などの実写映像や写真が登場することがある。それらは新聞社や通信社が撮影したニュース映画や写真である場合もあるが、多くは、アメリカ軍が作成して国立公文書館（ＮＡＲＡ）に保存されていた資料が後に公開されたものである。ＮＡＲＡはアメリカ連邦政府の公文書館として、世界最大の規模を誇ってきた(4)。同機関の公式インターネットサイトによると、文書資料九〇億ページ、地図七二〇万枚、写真二〇〇〇万枚以上、映画フィルム三六万リール、ビデオテープ一一万点が所蔵されている。これは、日本の国立公文書館が公式に発表している所蔵公文書数六五万冊、古書古文書四八万冊と比べると、量的に桁違いであるだけでなく、扱っている資料の種類が格段に多いことに驚かされる。

沖縄県公文書館はＮＡＲＡに職員を滞在させて、第二次大戦の沖縄戦やその後の琉球民国政府関係の多様な資料を入手しようとしてきた。その報告によると、例えば写真については、陸軍四一〇〇枚、海軍二八〇〇枚、海兵隊四四〇〇枚、空軍八〇〇枚の沖縄関係の写真を収集したという(5)。それぞれの写真には、分類、キャプション、撮影地、撮影日時が付けられており、収集にあたっては、コレクションのカード目録にある分類キーワードの「沖縄」「爆撃」「空中写真」などを手がかりに確認の作業を行ったということである。この写真は同館のホームページで見ることができる。見てみるとキーワードやキャプションが和訳されていて検索性を高めていることが分かる。写真自体の資料性は言うまでもないが、それを保証するための資料管理とドキュメンテーションが最初にしっかりと行われ、それを発掘した同館がさらにアクセス性を高める努力を加えたことに感銘を受ける(6)。

インテリジェンス

近年、「インテリジェンス」に対する関心が高まっている。インテリジェンスとは組織的な情報の分析活動およびそこで生み出される生産物のことである。その関連書が何冊も出され、外交や防衛における重要性が声高に指摘されている。日本軍が太平洋戦争に負けた理由として、戦争の個々の局面を左右するインテリジェンスが十分に機能していなかったことが挙げられることもある(7)。

しかしながら、インテリジェンスとは概説書も指摘するように日常的な情報活動をいかに効果的に行うか、そしてそれをいかに合理的に分析するかが重要であり、決して合法・非合法のヒューミント（HUMINT：human intelligence）の活躍や集中的な情報機関の必要性が前面に出るべきものではない。とくにインテリジェンスのかなりの割合は公開された情報の分析オシント（OSINT：open source intelligence）から得られるといわれている。前記の第二次大戦から戦後期の米軍のドキュメンテーションの例に見られるように、インテリジェンスを支える基本的な情報管理の質が問われるべきだろう。

戦後図書館史と米国の情報管理思想

筆者はかつて日本の戦後図書館史に影響を与えたアメリカ図書館協会（ＡＬＡ）の活動を研究したことがある。そこで目を見張ったのは、第二次大戦中の米国においてＡＬＡや議会図書館（ＬＣ）が情報活動の重要なエージェントとして戦時体制に積極的な協力を行っていたことである(8)。例えば、戦時体制に入る際に連邦政府のインテリジェンス組織の集中化が行われ、情報調整局（ＣＯＩ）が発足した。現在のＣＩＡの前身となる機関である。この機関には当時の新進気鋭の若手研究者が集められ情報の分析を行ったことが知られているが、同時に、ここから資金を得て、議会図書館に特殊情報部（Division of Special Information）が設けられた。これは同館の膨大な文献情報をインテリジェンス活動のために提供する役割をもっていた。

日本の占領においても、ＡＬＡは一九四六年（昭和二一）三月の対日米国教育使節団の一員として図書館関係者を推薦して、戦後の図書館法や学校図書館法成立の足がかりをつくった。連合国軍総司令部（ＧＨＱ／ＳＣＡＰ）に多数の図書館員が派遣され、彼らは占領軍の情報管理やＣＩＥ情報センター（ＣＩＥ図書館）において活動していた。プランゲはそうした軍事組織の情報管理要員として参加していた。それ以外にも軍隊に図書館を持たせ司書を派遣したり、戦後に接収した敵国の軍事技術情報のドキュメンテーションを進めたりといったことがこの時期連邦レベルで行われたが、いずれも図書館の機能が国家的な情報戦略と密接なつながりをもっていたことを示している。(9)

一九四八年（昭和二三）に成立した国立国会図書館は、日本国家がそうしたアメリカ型の図書館を装備することになった重要な事例であった。その成立にもアメリカの図書館関係者が関わっている。しかしながら、立法府に所属して国会議員や国民に対して最先端の文献知識を整理して提供することを重要な任務とする同館は、日本の他の図書館や文書館を遙かに凌駕する量と質をもつ情報管理能力を存分に生かすことができたのかどうかについては疑問なしとはしない。議員に対する調査サービスがどのような役割を果たしたのかは、日本の立憲政治史のあまり検討されてこなかった重要なポイントである。(10)

3　学習指導要領と日本人の学び

学びの創造性

社会における知識情報管理のもう一つの事例として学校図書館について述べておくことにしたい。これこそが、アメリカ型の知識情報管理に基づいた教育の補助装置として図書館を導入しようとしながら、教育政策の転換によって旧来の日本型に戻ったためにうまく展開できなかったものだからである。戦後日本の教育界における隘路となっている学校図書館をうまく教育政策に結びつけることは、日本の将来に向けて重要な課題になる。

ここ数年の国際的な学力調査の結果が示すように、日本の子どもたちが基礎的な学力についてはまずまずのものをもっていても、それを応用して表現や行動に結びつける能力や学びに対する意欲そのものが不足している状況がある。これは昔から指摘されていたことで、その原因が知識を系統的に注入する学習方法にあるという反省は一九七〇年代から存在している。とくに財界では教育の国際性を主張し、知識詰め込み式の学習は農工業時代のものであって、知識産業時代の教育はより創造的な学習を指向すべきであると説いていた。ゆとり教育はこのような考え方に沿って教育における知識情報管理のあり方の変更を迫ったものであった(11)。

では創造的な学習とはどういうものか。言うまでもなく学習活動においては学習者自らが学ぶ意欲をもつことが必要である。アカデミズムの世界に少しでも浸ったことのある人なら、知の世界は決して固定的なものではありえず常に揺れていると感じている。このような揺れは開放的なシステムだからこそ成立する。創造的な学習はこれをアカデミズムの世界のものとせずに、学習者自らが知の創造過程に参加することで可能になる。

学校図書館の役割

だが、文部科学省が一〇年に一度定めている学習指導要領で規定される知の世界は、学術的なものにつながるとしても、子どもたちが固定的な内容を学習することを前提にしている点で閉じている。本来、小中高大学と上がっていくにつれてより専門的で高度になることがあるとしても、学齢が下だから狭い知の世界にいて学齢が上がるとだんだんと開放的な世界に移るということにはならないはずである。日本の子どもたちの意欲のなさは、自らの経験や知的好奇心の芽がカリキュラムの展開につれて摘まれていくことにあるのではないか。

例えば小学校から始まっている総合的学習では、フィールドでの聞き取りや社会参加、観察などが重視される。フィールドで展開される具体的な事象に基づいて学習を始めようとすると、教員が持つ知識や教科書や副読本だけでは対応できない。それを説明できるのは土地の古老や様々な分野の専門家のような人的な情報源となる人たちであり、あとは文献資料に基づく調査も見聞したことの確認という意味では重要である。だがこれまで総合的な学習についてたびたび批判されてきたように、このような開放的な知を前提とした学習方法についてノウハウの蓄積がなく、結局のところフィールドで見聞きしたことについておざなりな発表やレポート提出を要求するだけで終わっていたことが多い。これだと学習者の疑問や対外的な関心、そしてコミュニケーションが学習過程のサイクルに収まらず、ただ体験したで終わってしまう。

このような探究型と呼ばれる学習は、学習者が一定範囲の知の体系をマスターするのではなく、自分で課題や関心を外に向けてそれを自分で解決するものであるが、外部の知とカリキュラムを結びつける役割を果たす専門家が必要である。これを行うのが学校図書館専門職である。例えばアメリカの学校にはメディアスペシャリストと呼ばれる専門職が置かれ、学校図書館で図書などの文献管理を行うだけでなく、学習内容に合わせて教員の教材作成の支援や外部の専門機関との連携、子どもたちの研究調査への支援を行っている。学校における知識情報管理を行う存在である。(12)

占領が終了した翌年の一九五三年（昭和二八）に学校図書館法が誕生した。この法律は世界に先駆けて、すべての学校に図書館を設置し、司書教諭と呼ばれる学校図書館専門職を配置することを規定した。だが、この法律はほとんどの学校に図書館や図書室を設置させる力とはなったが、できた図書館の多くは図書資料を置いた部屋にすぎなかった。というのは肝心の司書教諭配置のための財政措置が伴わず、「当分の間」司書教諭を配置しなくともよいという附則がつけられたからである。

そのため、学校図書館はあたかも理科教師のいない理科実験室あるいは養護教諭のいない保健室のようなものになった。自治体や学校によっては、教諭の資格をもった司書教諭ではなく学校司書と呼ばれる事務職員を配置した例もあった。しかしそれだと教師が授業を展開するときの教材づくりを助けたり、子どもたちが自ら図書館の資料を使って調べてそれを発表するのを支援したりといった、学校図書館法の趣旨である教育課程の推進に資するためにはうまくいかないことが多かった。何よりも、学習課程そのものが学習指導要領によって規定された方法に基づき一定の内容を教え込むものに戻っていたから、教科書や副教材などが用意されれば十分でそれ以上の文献資料が必要とされることはなかった。図書館に読書推進と勉強部屋以上の機能が要求されることはまれだった。

学校図書館制度はアメリカから導入されたものと言ってよい。だが一九四〇年代から五〇年代にかけてはアメリカでもまだ整備の途上にあった。メディアスペシャリストが普及したのは、スプートニクショックによって連邦レベルでの教育改革が発動された一九五〇年代末以降である。この時代にアメリカは東側に負けない科学技術力をもたせるためにより創造的な学習を目指して、学校図書館を整備しメディアスペシャリストを配置したのに対し、日本では逆に学習指導要領で学習内容を増やしより系統的に学ばせる方向にシフトした。これは日本が真の創造性をもたなくとも科学技術立国を標榜できたという意味で後進国効果とでもいうべきものであるが、伝統的な学習観への揺り戻しが強く働いたとも言える。

まことに皮肉なことではあるが、アメリカでは一九八〇年代になると、そうした創造性を指向した教育方法が学力低下を招くとして、日本の教育政策を参考にしながら共通カリキュラムを導入するなどの試みを行った。このように、系統型学習と探究型学習はどちらかだけでよいというわけではなく、両方の要素が必要なのだろう。だが、日本の学校は系統型学習にどうしても引き寄せられる傾向があり、探究型学習のための条件整備を怠ってきたのである。

司書教諭の配置を猶予する措置は、「当分の間」どころか実に二〇〇三年（平成一五）まで五〇年間続いた。この年に改正学校図書館法が施行されて、一二学級以上の規模をもつ学校には司書教諭の配置が義務づけられることになった。折から、文部科学省はゆとり教育を推進する過程で総合的な学習の時間を設けたり、個々の教科において課題解決型の学習を推進したりするなど、学習者が主体的な学習を行う方針を打ち出していた。だが、この司書教諭の配置は再び財政上の問題から中途半端なものにしかならなかった。

文部科学省は二〇〇八年に小中高等学校の新しい学習指導要領を発表し、それは二〇一一年度より実施が開始された。ゆとり教育に対して学力低下批判が巻き起こり、「ゆとり」は後退してふたたび各教科に一定の学習時間を保証するものに戻りつつあるとされている。こうして再度、系統型学習あるいは注入式学習が復活し、図書館の役割は重視されないものに戻っていくのかどうかが問われることになる。

4　時間意識と図書館・文書館

ピーター・バークの知識論

戦争と図書館、そして学校図書館をめぐる知識情報管理の考え方をみてきた。日本人は情報や知識を非言語的なものも含めて個人から個人へと伝えるものと考える傾向が強い。人間依存型の知識コミュニケーションである。もちろん本を書くことで多くの人にメッセージを伝えることもできるが、自分のもつノウハウを伝授するといった感じの書き方が一般的である。それに対して欧米の知識情報管理の前提は、共通の知識情報空間が存在し、何らかの知識活動をする人はそこから何かを取り出しそこに何かを加えるという感じになる。

歴史家ピーター・バークはその著書『知識の社会史』で西欧の近代社会における知識装置の全体像を描いて見せたが、そのなかで近代化思想の担い手であった知識人たちは自らが「書物の共和国」（Res-publica literaria）に所属しているという意識を強くもっていたと述べている。[13] そして、そうした知的共同体のなかに、異なる地域に住む学者同士を仲介し、知の組織化を試みようとする「知識管理者」たる人々がいた。フランシス・ベーコン、コルベール、ライプニッツ、ノーデ、ディドロ、オルデンバーグなどの人々であるが、これらの人々のなかには、学者兼司書であった人（ライプニッツ、ノーデ）、図書分類法に大きな影響を与えた人（ベーコン）、百科事典の編集を通じて知識組織化に影響を与えた人（ディドロ）など、図書館の組織原理と切っても切れない関係をもつ人物が含まれている。

図書館の組織原理とは、パッケージされた知識＝書物を社会的な知識ストックとして共通利用するために、組織的なコレクションをつくりこれを保存すること、コレクションへの容易なアクセスを可能にするために分類や目録の仕組みを開発すること、これらの操作を担う司書を配置することである。しかし、そこから派生して、書物自体に知識アクセスを容易にするための目次や索引を備えることや、知識利用の工夫として主題書誌や人物書誌を編纂したり、雑誌記事や新聞記事の索引をつくったりといったドキュメンテーション活動が生まれていった。これは同じ時期に発展した学会や学術出版、百科事典や辞書の出版、著作権の整備、執筆における引用ルールなどとともに、社会的な知識コミュニケーションの在り方を規定したといえる。

微分的な時間管理

日本にも近代以降こうした仕組みが少しずつ導入されたけれども、知識ストックを自らつくりそれを利用して知識コミュニケーションを豊かにするという発想はあまりなかった。そのためにこうした装置はつくられてもうまく機能しなかった。知識の体系そのものが西欧にすでに存在しており、みずからこういう装置を使って知識生産を行わなくとも学問の輸入という方法で対応できたことがその背景にある。またこうした装置そのものが西欧社会で生み出されたものであるから、輸入概念として取り入れられうまく使いこなすことができなかった側面も否定できない(14)。

日本の知識情報管理のもう一つの特徴は時間軸の軽視である。かつて一世を風靡した野口悠紀雄『超・整理法』は、新しいものを新しい順に並べ古いものは捨てるというきわめて単純な原理によって情報を整理する方法を提案した(15)。彼は、図書館の資料整理法や梅棹忠夫の京大式カードによる情報管理法には、使われない古いものがだんだんたまって必要なものが出しにくくなる難点があると述べた。いかにも微分的な時間軸しかもたない市場経済学者らしい考え方であり、新自由主義的な状況が喧伝されるなかでずいぶん影響力をもった。だが、それと社会や学術における知識情報管理法は区別すべきである。今を生きる個人の時間管理法と、時間軸に沿って情報や知識を蓄積する社会的な知識情報管理法とは別物であり両方が必要である。だが、野口の著書がベストセラーになってから一五年が過ぎたが、個人のみならず社会全体の市場志向はいっそう強まり、古いものをどんどん捨て短期的な効率性を求める知識情報管理を行う方向にいっそう向かっているように思われる。

だが、これが市場志向の社会動向からくるものばかりとはいえない。日本人には伝統的に大晦日が過ぎれば過去一年のことは水に流して、新しい一年が始まるというような循環的な時間意識があることが、時間軸に沿った知識や情報の蓄積が行われにくくする要因となっている。つまりこれは日本文化のひとつの特徴でもある。

循環的な時間意識

加藤周一『日本文化における時間と空間』（二〇〇七年）は、このような日本人の時間意識を欧米と比較しつつ明らかにした興味深い著作である。加藤は、日本人の時間意識を象徴するものとして、絵巻物で描かれる物語世界を挙げている[16]。絵巻物では物語の展開場面が絵の連続によって描かれる。しかしこれは全部を広げて見るものではなく、両手で持って一場面を見て見終わったら絵を捲いて次の場面を見るという操作を繰り返すものである。加藤は、これによって場面が時間的な流れをもつことは強く意識されているが、場面は相互に独立して、場面間の因果関係を確認しにくい構造になっているという。このことは、日本人が「今」に著しく関心を集中し、それが「過去」の結果生じたこと、あるいはそれが次の「未来」へ繋がることを無視しがちであることの典型に見えるとしている。

日本人は歴史好きと言われるが歴史小説や歴史ドラマ好きではあっても、真の「歴史」に直面しようとはしない。阿部謹也は、「多くの人が「世間」の中で安住し、歴史を「世間」の外で演じられているドラマとしか見ていないときに、自ら直接歴史と出会い、歴史を描くためにはまず「世間」と闘わなければならないのである。歴史は闘う者にしかその姿を現さない」と述べている[17]。

これらの議論は日本で図書館や文書館の重要性を軽視してきた理由の一端を示している。知識情報管理のための社会的装置の要請は、因果論的あるいは近代的な科学意識、歴史意識から生じている。つまり、それらは循環的な「現在」から一歩離れて歴史的社会的に自己省察するための装置、あるいは世間と闘うための武器なのである。これまで見てきた例でいえば、軍隊のような組織においては戦術、戦略をつくるために必要な情報、知識、インテリジェンスをもたらす。また、その軍隊を歴史的に評価するためのアーカイブズになる。さらに、それは学習者一人ひとりが主体的に知識を獲得するための学習資源となる。

ハワイでの歴史授業体験から

筆者は二〇〇七年春にハワイ・オアフ島の私立の小中高一貫校プナホウ校（Punahou School）の図書館で行われた歴史の授業を見学した。この学校は現大統領バラク・オバマが在籍したことで有名になるのであるが、図書館には公立図書館のように地域資料室が設けられ、各種の歴史資料が所蔵されていた。そのなかに、一八九三年ハワイ王国の女王リリウオカラニがアメリカの圧力で退位させられる際に、女王とハリソン大統領との間で締結された公文書があった。これは州立公文書館が所蔵しているオリジナルのコピーであるのだが、この事件そのものがハワイ人にとっては屈辱的なものであるとされ、文書はハワイ人の歴史観を形成する重要な役割を果たしているとされる。

見学したときに、その資料の解釈について生徒たちが女王と大統領の言い分を裁判形式で主張し合う歴史的寸劇を演じていた。架空の国際裁判所において、原告の女王と被告の大統領、そしてそれぞれの弁護人、裁判長に扮した生徒たちがこの文書をどのように解釈するかを巡って丁々発止のやりとりをしていた。コピーとは言え、一次史料を使って歴史解釈を議論し合う授業は新鮮でかつ極めて高度なことに驚かされた。

アメリカの歴史教育の一つの側面が、生徒自らが生の歴史的素材に触れ、自分たちで解釈し自らの言葉で表現することで実施されていることを確認することができた。これを可能にするのは一次史料を保管する公文書館であり、これを教材として管理する学校図書館である。ここには知識が講義や書物を通じて一方的に伝えられるのではなく、知識の源泉にさかのぼって学習者自ら体験して言葉にする創造的な知識形成のプロセスがある。日本でも、学習者あるいは市民一人ひとりのこうした知識形成プロセスを前提にした知識情報管理システムが構築される必要を感じた瞬間であった。

コラム1　図書館の新しいイメージ

福島県のいわき駅前の再開発ビルに市立図書館の設置が決まり、準備中であるという。大学進学のためにいわきを出てから三〇年以上になるが、その多くを図書館を中心とした教育文化制度の研究を行うことで過ごしてきた者としてたいへんうれしく思うとともに、この機会にぜひともいい図書館ができることを期待したい。

図書館といえば、地味な公共施設としてのイメージが定着しているかもしれない。今でもよく聞かれるのは、本は買って読むべきもので、しっかりした本屋があればいいという声である。この考え方が間違っていると言うつもりはない。確かに買うべき本は確実に存在しており、それを入手するための書店も重要である。しかし、これは、今の図書館がどうなっているかを知らない人の声でしかない。

図書館は地域における文化のバロメーターである。美術館・博物館やコンサートホールなどについてもそういうことは言われるが、それらは美術、クラシック音楽、歴史といった文化（ハイカルチャー）を志向する一部の市民のみが利用する場になりがちである。それに対して図書館は出版文化を前提に、無料公開を原則にすることにより、すべての市民が年齢を問わず、また職業や収入を問わず定期的に利用するための施設である。

図書館は書店の代替物ではない。個人でもちえない広い範囲の蔵書をもつ。市販されていない貴重な資料が地域では多数発行されているのだが、そうした資料を集めることができる。また、歴史的な蓄積をもつ。さらに、それに加えて最近では電子的なメディアを駆使した情報検索の場を提供してくれる。このように、図書館は資料や情報をストックすることによって情報センターとして機能する場となっている。

二一世紀は地方分権を前提とした知識社会だと言われる。その基本は、一人ひとりの住民が十分な情報や知識をもってそれぞれの地域の問題解決に取り組むことが要求されているということである。この状況に対して図書館は知的資源、情報資源を提供することで貢献することができる。

二〇〇六年三月に文部科学省の協力者会議が「これからの図書館像――地域を支える情報拠点をめざして」という報告書を発表した。この報告書の基調は「課題解決型図書館」である。私もその議論に加わったが、そのなかで全国各地で様々な取り組みがあることを知った。

鳥取県では、片山善博知事の指示のもとで県庁のなかに県立図書館の分館を設置して、来庁する県民だけでなく県の職員や県会議員に対して行政関係の専門的な情報サービスを行った。静岡市では、都心部の再開発ビルに地域図書館を設置したが、ここはとくにビジネス支援サービスに力を入れている。市民の起業のために必要な資料や情報を提供したり、市内の企業に対する専門的な産業情報データベースを提供したりしている。裁判員制度の導入で注目されているのは、専門的な法律情報を図書館が収集して提供することである。また、医療や健康に関する情報についても提供が始まっている。

これらの試みは、まだ一部で試みられているだけであるが、図書館が本や雑誌を読むだけの静かな読書施設という場から、地方自治や地域開発、まちづくり、地域福祉や地域医療を支える情報センターへの脱皮がはかられつつあることを示している。いわき駅前の再開発の一画を担う新図書館はこのようなダイナミックな機能を果たすことが求められている。

第2章　図書館、知の大海に乗り出すためのツール

1　図書館イメージの変化

「勉強」から「資料提供」へ

図書館はここ三〇年で大きく変化した。暗く閉鎖的で堅苦しい場から、市民が誰でも気軽に立ち寄れて資料を借りだすことができる場への転換は、ほぼ成功したということができる。ただ、確かに行政サービスとしての「市民の図書館」の定着はうまくいったようだが、市民が図書館そのものに対して抱いているイメージは実はあまり変化していないのではないだろうか。

公園の一角や城跡にあるやや薄暗い静かな閲覧室で勉強する場というのが、かつて日本人が共通にもっていた図書館像であった。そこは、資料を利用するよりも、自分の知的空間と知的時間を確保するための場であった。たとえ自宅に勉強机があって自由に使えても、あえて図書館に出かけて勉強を他人と共有する方を選ぶのである。

そして一九七〇年代に新しい図書館のコンセプトがつくられた。これは学習スペースとしての図書館ではなく、資料を借り出して自宅で読む機会を提供する図書館である。以前はいわゆる閉架式が中心で

直接利用できる資料はかなり限られていた。それに対して、新しいイメージの図書館の中心は開架スペースにおかれた資料であり、利用者は資料を自由に手にとって閲覧できる明るい空間でくつろぎ、好みの資料を家に持ち帰って例えば二週間自分だけで利用することができる。このような「資料提供」が図書館の主たる機能であると考えた図書館関係者は、ここ三〇年で学習スペースのイメージを資料利用のスペースに転換させようと努力を積み重ねてきた。

学習スペースの要請

しかし今でも勉強の場に対する市民からの要求は強い。例えば横浜市では、中央図書館と各区一館の地域図書館のほかに、青少年図書館と呼ばれる社会教育施設が八館、青少年図書館から転換したコミュニティハウスが六館あり、さらに二〇〇校近くの市立学校が毎週二回程度市民図書室と呼ばれる学校開放事業を行っている。青少年図書館もコミュニティハウスも市民図書室も市立図書館とは別個の擬似図書館であり、ここには、少しの図書資料とあとは学習スペースがあれば図書館が成立するという行政サービス提供者の考えがよく現れている。

一九九八年に開館した愛知県豊田市図書館は、トヨタ自動車および関連企業から入る豊かな税収を背景にスペース、蔵書数、資料購入費などの点で全国的にみても突出した潤沢さを誇っている（コラム6参照）。大きなビルの三階から六階まで図書館が使用し、書架と閲覧席が贅沢に配置されている。だが、驚いたのは最上階のワンフロアに机と椅子が二〇〇席分並んでいたことである。これは明らかに自習用のスペースである。学習スペースと資料利用の双方に対する市民ニーズを満たそうとした結果なのだろう。

これらの自治体に限らず、いわゆるハコもの行政として批判される様々な省庁の補助金による公共施設建設に図書室的なスペースを含めるのは一般的になっている。古くは公民館や児童館などの施設がそうであるし、生涯学習センター、青少年センター、農村センター、福祉センター、男女共同参画センターなど枚挙にいとまがない。集会室と図書室はこういう施設に必ず備えられるものである。

2　「勉強」と図書館

教養主義的読書

学習スペースの要求は、明治以来の日本人の典型的な学習態度である「勉強」というスタイルと分かちがたく結びついている。何か調べものをするというのではなく、利用者が自分の学習資料を持参した上でそれのみを使用するための場が用意されるのは、科挙の伝統をもつ中国や韓国にも見られる。とくに日本では、「刻苦勉励」「立身出世」といった倫理観に支えられ教養主義やエリート主義と強固に結びついて、近代教育システム全体を支配していた。それが戦後、複雑な過程を経て崩壊していったことは、近年研究が進んでいる分野である(1)。

教養主義的な読書は、文学者や思想家と対話することにより自分の世界観をつくりあげる人格形成の営為である。読書は娯楽でもあったが、このような方法で自分の人格形成を経た後でしか行えないものとされた。それに対して「市民の図書館」の考え方は、その崩壊と表裏一体の関係にある高等教育の大衆化や出版の産業化の亢進と強固に結びついていた。非日常性の重苦しい読書から脱して、普通の市民の日常から生じる娯楽や生活上のニーズに応える本の提供に徹したといえよう。

消費的読書

「市民の図書館」とは、一九七〇年に日本図書館協会から発行された小冊子のタイトルである。モデルとなったのは、東京郊外の住宅都市である日野市において一九六〇年代後半から七〇年代にかけて展開されたサービス実践である。ここが最初固定した施設をもたず、自動車図書館での貸出しサービスからスタートしたことで、その後、図書館とは建物ではなく貸出しによる資料提供という機能なのだとの考えが広まった。その場合の主たる利用者は、家庭の主婦と子どもたちであった。読みたいという要求を満たす場が新しい図書館だったのである。一定の貸出し実績を上げたステーションはやがて地域図書館に置き換わり、利用者層も市民全体に広がるが、建物ができてからも「勉強」の場ではなく楽しく読める本を貸しだす拠点であろうとした。この動きは周辺の自治体から全国に波及していった。

勤勉とか教養といった徳目は、もともと日本の伝統的な武家＝農村社会が温存してきた価値観である。これは高度経済成長を支える最大のエートスでもあったが、それまで押さえられていた消費への欲望は、この一九七〇年頃から一挙に噴出することになる。本という消費財に関して、この欲望を満たすための公共機関として図書館は再出発したのである。

3　文芸的伝統と図書館

「文芸」の役割

今、近代化の過程で、出版や教育などを通じた文化的アイデンティティの形成がどのように進んだかについての研究が盛んになっている。[2] こうした研究ではこれまでほとんど触れられてこなかったが、この過程で図書館がどんな位置づけを占めたのかも社会によってかなり異なる。

世界的に見ると公共図書館先進国は北欧および英語圏の国々である。そのなかでもフィンランドとデンマークでとくに公共図書館の制度が整っているのは、両国が福祉制度を高度に発達させているということだけでなく、カレワラやアンデルセンの名前とともに知られている豊富な口承文芸の源泉をもっていたことが関係している。そこでは図書館は発掘された民族文化を育てる場として機能した。つまり、これらヨーロッパの小国における近代ナショナリズムの運動は、図書館を民族文学揺籃の場として位置づけたということである。従来、図書館の歴史はどちらかというと成人教育政策との関係から述べられることが多かったが、広義の文学運動との関係でも語られる必要があるだろう。

万葉集や源氏物語などを引くまでもなく、日本は古代から豊かな文芸の伝統をもつ国である。江戸も後期になると、出版は全国的に盛んになり、草紙屋と呼ばれた書店や貸本屋が現れた。寺子屋などの大衆教育の普及で民衆の間にも識字人口がふえた。明治期にはすでに世界でも有数の出版大国であった。[3]

出版と図書館の関係

しかしながら、図書館を公共機関として積極的に推進する政策は結局のところここ三〇年ほどにしか見られないといってよい。北欧の両国のように言語共同体が十分な規模をもたない場合には出版市場が成り立ちにくいので、公共政策を発動する必要が生じる。これらの国の図書館振興政策はその一環である。また、これらの国は公共貸与権（Public Lending Right）の実施国である。とくにデンマークは最初の実施国として知られている。公共貸与権は、公共図書館における資料の貸出し数に応じて著作者に資料貸与による経済的損失の保障を行うものであるが、その性格としては作家個人に保障する英国型と作家の団体に年金等のかたちで保障するドイツ型とともに、少数言語で出版市場が小さい国における作家への公的扶助という側面を強く持つ北欧型がある。北欧型の福祉社会システムのなかに、出版と図書館の混合知識経済システムがいち早く取り入れられていることを示している(4)。

日本の近代においてはすでに十分な数の読み手が生み出され、彼らが買い手になることで民間市場が形成された。かつて読書は「論語」などの素読から始まり、長じて一冊の古典をくり返し読むことが求められた。このような訓古的な読書は図書館を必要としない。こうして、人々は本を買い求め、民間市場が自ら完結した流通システムをつくりだした。一九七〇年代以降の公共図書館の発展は、そうした市場に代替するものではなく、むしろ依存するものだったのは自然の成り行きであったろう。図書館と出版市場が補完的に形成された国とは異なった事情があるのである。ここに、市民の図書館のような貸出し図書館政策を中心とする現代公共図書館の特徴を集約的に読みとることができる。

4　読書をめぐる動き

読書ブームの意味

最近、読書に対する再評価が行われている。政府は二〇〇一年に「子ども読書活動振興法」を制定した。これに基づき国、都道府県、市町村は学校や図書館を中心として、読書振興をはかる計画を策定した。その一環で就学前の子どもたちに絵本の導入を積極的に推進する「ブックスタート」のような動きがあり、学校では「朝の一〇分読書」を取り入れるところが急増している。スペインから、子どもたちを本に親しませるための手法として「読書アニマシオン」が紹介された。また、齋藤孝著『声に出して読みたい日本語』（草思社）や同氏の『三色ボールペンで読む日本語』（角川書店）はベストセラーになった。

これらの動きには多様な側面が包含されている。一九五〇年代であれば、国が率先して読書推進活動を行うことには強い国民的反対があっただろうが、今はほとんど見られない。そこには冷戦体制の終焉から来る政治的緊張の不在だけではなく、国民全体の識字力が低下していることについての深刻な反省がある。

「分数ができない大学生」というキャッチコピーのもとに、学校教育で学力が十分に身についていないという議論がなされたが、むしろ基本的な識字能力そのものが危機的な状態にあるのでないかという指摘もある。かつて、本を読むことで形成された知的好奇心がテレビ、ビデオ、ゲーム、インターネット等のマルチメディア環境に代替されていることを問題視するものである。この流れで数学者の藤原正彦は『国家の品格』他で国語の力が学力の基本であることを主張している[5]。

読書ブームの火付け役であった齋藤は、さらにさかのぼって日本文化が伝統的に培ってきた「声に出す」という身体性をともなった読書の復権こそがあらゆる学習活動の基本であるという。例えば、中国という異国の古典文学である漢詩も、読み下し文を七五調などのリズムを伴い音読することで、われわれの心に響く声として容易に再現される。また、色違いのボールペンで傍線を引きながら本を読み進めることを勧める『三色ボールペン…』は、文字言語のもつ論理性を身体的に確認するノウハウを伝えるものである。線を引くという身体的行為は思考の整理に役に立つばかりでなく、色違いの線は文章の構造を視覚的に一望できるというメリットがある。つまり、文字言語、イメージ、身体を総動員するための方法が説かれている。

その後、国際学力テストPISAにおいて、日本の子どもたちの読解力がOECD諸国のなかで中位にあるとか、学ぶ意欲が低下しているといったことが明らかになった。これに対応する形で、文部科学省は本腰を入れ始め、二〇〇九年度から先行実施され始めた新学習指導要領では「児童（生徒）の言語活動を充実する」という表現で読書の振興に力を入れている。

このように読書の復権が叫ばれるなかで、図書館の位置づけははっきりしない。子ども読書活動振興法に基づき、各地方自治体は読書活動推進計画をつくることになった。教育委員会が策定する場合に実際の計画は図書館が行っている場合もある。図書館は政策的には読書振興を担う中心機関であるはずだが、図書館関係者は一部を除いてそれほど熱心に取り組んでいる様子は見られない。それは、公共図書館では児童サービスを除くと読書推進よりもむしろ要求される資料を直接提供することに重点をおいたサービスをしてきたからである。読書ニーズが存在することを前提にした活動であったので、読みたいという意思をもたない人に働きかけることは考えられていなかった。

そもそも、齋藤のような書物に対するとらえ方は図書館の思想と相容れないところがある。ボールペンで線を引くためには本そのものは自分で購入する必要がある。かつて日本の知識人が本は自分で買って読むことで、書物に含まれる内容を血肉化することができると繰り返し説いていたが、齋藤の読書論はその現代版と言えよう。図書館が知識人から重視されなかった理由の一つはここにある。

5　「市民の図書館」の現在

貸出しは英国に追いついた

本書の第七章と第八章で詳しく分析するが、現在、公共図書館の数は全国で約三〇〇〇館であり、ここ三〇年でほぼ三倍に増えた。人口あたりの設置数でいえば、戦後モデルにした米英の半分程度のレベルになっている。貸出し数を見ると、二〇〇八年の総貸出し数は六億五〇〇〇万点で、人口一人あたり平均で年間五点ほどの資料を借りている計算になる。これは人口一人あたりの貸出しが五・五点のイギリスにほぼ並ぶ数値で、戦後ほとんどゼロから出発したことからすれば普及がずいぶん進んだといえる。この人口一人あたりの貸出し数の指標においてこうした国が目標であったが、すでに同じレベルに達したということができる。

図書館が採用した消費主義への対応は、図書館自体を教養主義から遠ざける方向に作用した。現代のようにマスメディアによる書籍の宣伝広告が行き渡ると多くの人が読みたい本は一致してくるので、これに応えようとすると図書館の蔵書は似たものになってくる。「無料貸本屋」という批判は、図書館がもつ市場依存の公共機関という矛盾した性格を言い当てている。

だが、図書館には別の側面もある。確かに、図書館でベストセラーの貸出しが多く、作家の著作権を侵害しているという批判が起こったのも、経済不況で家計が苦しいときに無料で借りられる図書館サービスがそれだけ頼りにされていることを示している。だが、すでに調査で明らかにされているように、図書館での貸出し数に占めるベストセラー本の割合は一％以下でしかない。むしろ、市民のニーズに対応してきわめて多様な本が利用されているのである。図書館を学習スペースとして利用することが好まれるのも、単に机と椅子があるからではなく、未知の資料群がそこにあることが多くの人を引き寄せる力になっているからではないだろうか。

6　それでも図書館が必要な理由

開かれた知への対応

現代社会において、特定の本を繰り返し読むという読書法は人生のすべての時期に必要だとしても、同時に多様な知の世界に意識的に分け入ることが求められる。インターネットのサーチエンジンで検索した情報で事足りるわけではない。インターネットは世界中の情報、マルチメディアの娯楽、便利な生活情報を瞬時に届けてくれるが、ピンポイントの情報を検索するサーチエンジンを使うとかえって情報過多の状況に埋没する結果になるからである。断片的な情報をいくら積み重ねても方向を定めることはできない。齋藤も『読書力』（岩波新書）で、必要な情報を取捨選択して自分なりの知の世界のマッピングを行うためには、各人が知的羅針盤をもつことの重要性を説き、そのために図書館を利用すべきことを主張している。

確かに図書館は、このようなジェネラルで開かれた知への対応を得意とする機関である。どんな規模の図書館でも最低でも二～三万冊の蔵書と数十タイトルの雑誌、数タイトルの新聞をもつ。最近ではインターネットの端末を導入している図書館も多い。これらがうまく組織されていれば、知の航海にでかける道具立てとしては十分である。資料を配置するためには、NDCと呼ばれる分類法が用いられるが、これはあらゆる主題の資料を知の体系全体のなかに位置づけることを可能にしてくれる。書架を見渡したときに、知と知との連関が見えてくるのがすぐれた図書館である。さらに知的ニーズと資料とを結びつけるツールとして目録をはじめとした各種のデータベースが備えられる。最近ではそれらがインターネット上で公開されることも増えている。

図書館への評価

これまで図書館の役割として、市場的なニーズへの対応ばかりが注目され、公共性を実現する様々な機能があわせて備えられていることが見落とされてきたのではないだろうか。例えば、商業的に流通していない種々の資料を調査して入手することや、資料を様々な観点から分析して利用しやすくするために目録、分類、書誌、索引などの組織化業務を行うこと、司書が利用者の資料利用上の相談にのって支援を行うことなどである。これまでこうしたサービスが大規模館で実施されることは期待されていたが、むしろ日常的に利用される小規模館でこそどの程度実践されているのかが問われるべきであろう。

これに対応するように、ジャーナリストなど取材や調査で図書館を日常的に利用している人たちによって図書館への擁護論が強まってきた。(6) 彼らの主張は、現代において電子情報と印刷資料とを問わず個人がつくる情報利用環境には限界があるので、図書館という公共的な情報システムが構築されていなければならないということである。

また、これまで、学生向けの文献の調べ方の手引書は多数出版されてきたが、近年、市民が自らの地域社会のことを理解するために調査活動をすべきであるという観点で図書館やインターネットを積極的に利用することを勧める議論も出てきている。(7) 図書館はこれまで当たり前のようにひっそりと存在していて、その重要性に気づく人は多くなかった。しかし、二〇〇〇年の印刷文明の蓄積がある書物と、世界中で日夜発生する膨大な電子情報の双方にアクセスするための仕掛けを備えた図書館は、今最も求められている公共機関である。

コラム2　ヤマニ書房の思い出

図書館というと、多くの人々は勉強部屋として利用した経験をお持ちだろう。不思議と自宅で勉強するよりも集中できるように思われなかっただろうか。これには理由がある。読書は普段使わない脳の活性化をともなう。読書に集中すると周りが気にならなくなるのである。自宅では自分への甘えと家人、テレビ等々の外部環境に影響されて集中できない場合でも、図書館はそうした知的な集中を目的として多くの人が集まるから静粛な空間が保たれる。

このことは重要だと思う。誰でも利用できるのは資料だけではなく、図書館の施設そのものである。そこには静粛な学習スペース、インターネットやデータベースに接続されたパソコン、子どものための読み聞かせの場など年齢や目的に応じて利用できる多様な設備とサービスが用意されている。幸い、今度できるいわきの図書館は一万平米近くと同規模の自治体の図書館としては最大級の施設を誇るので余裕をもってそうしたものが提供されるだろう。

いわきを含めて福島県の教育というとまず思い出されるのは、かつて中学浪人が全国でも際だって多かった地域だったことである。また、近年変更されたようだが長いこと県立の進学高校が男女別学だったことも特徴である。中学浪人の問題は近年は聞かないから、子どもの数が減少するとともに自然消滅したのだろうか。

これらは、この地域の教育観に古風なものが残るとともに、民間の教育投資が十分でなかったことを意味している。中学浪人の問題は、他の地域なら公立高校の不合格者を吸収する私学が十分に育っていなかったことを示している。

男女別学は「七歳にして席を同じうせず」の儒教的倫理観に基づくもので、戦後の男女同権思想の普及で一掃されていったのだが、北関東から南東北にかけての地域に最後まで残ったものである。

せんじ詰めると、この地域には教育とか文化を自らのものとして新しく創造していこうという考え方に欠けるところがあったのではないだろうか。厳しい言い方かもしれないが、いわきに郷土意識をもちながら外部で生活している者の率直な観察である。

教育の問題を持ち出したのは、これが図書館の発展と関わっているからである。図書館は地域の教育力をバックアップするものである。読んだり書いたり考えたりする力は、家庭と学校を通じて獲得されていくが、これをより豊かなものにしていくためには豊富な本の利用機会が不可欠である。これを制度的に保障するのが図書館である。

古い話で恐縮だが、一九六〇年代の後半、いわき市の繁華街であった平二丁目にヤマニ書房本店が開店したときに、私は市立中学の二年生だった。そのとき、国語科担任のI先生が授業中に「これで平も文化都市の仲間入りをすることができる」と言ってたいへん喜んでおられたことを今でも記憶している。本は文化を運ぶもので、それが一定の数が蓄積されることでようやく効果を発揮する。公立の図書館が必要なのは、書店で不可能な歴史的に蓄積される資料の幅の広さと、あらゆる地域住民に無料で均等に開かれる行政的な保障があるためである。

学校や公民館に付設されたものを除くといわきに本格的な図書館ができたのは、ようやく一九八〇年代に文化センターに併設になったときである。それも、多くの人々の期待とはうらはらに、三〇万都市の中央図書館にしては貧弱なものであった。公民館図書室を引き継いだ地域図書館が小名浜や湯本などにもあるが、その規模は小さいし、また、旧一四市町村のうち図書館が置かれている地域は半分にも満たない。広域都市の図書館は地域ごとにサービス拠点が必要であるが、なかなか市民が均等のサービスを受ける体制をつくれていない。

いわきは県立図書館からかなり離れているという点でもハンディキャップを負っている。逆に言うと、いわきのような都市は一定規模の中央図書館と地域的な資料提供のネットワークを自前で用意することが必要だし、それが期待されているのである。

第3章　交流の場、図書館
——日本での可能性——

1　図書館の原型

新アレクサンドリア図書館の開館

二〇〇二年に、エジプトのアレクサンドリアにユネスコなどの支援を受けてエジプト政府による国立の施設、新アレクサンドリア図書館（Bibliotheca Alexandriana）が開館した。当初二〇〇万冊の蔵書でスタートするが、将来的には八〇〇万冊の蔵書をもつ巨大図書館を目指すという。アレクサンドリア図書館といえば、紀元前四世紀頃から存在し、アルキメデスやユークリッドらも学んだといわれる古代地中海文明の学術活動の中心を担った図書館である(1)。新図書館はこれが置かれていたと推定される場所に、新しい構想のもとに博物館、研究所、展示場、会議施設などを包含した総合的な学術文化センターとして再建されたことになる。

同館復興の準備委員会でモナコのカロリーヌ王女は次のような挨拶を行った。「エジプトは過去も現在も、砂漠と豊かな谷間が合体し、サハラ、ブラック・アフリカ、中東、そして地中海の四つの世界に開かれた出合いの場です。エジプト自身が巨大な図書館であり、様々な文化が沸き立つオアシスなのです」[2]。外交的なリップサービスが含まれているとは言え、これが図書館の再建という以上に、中東の石油産出国を中心とした国際協力に基づく新しい文化協力事業であることが示唆されている。図書館は古来このように文明と学術の交流と蓄積を担う文化のオアシスとして重要であった。それは近代になってからも変わらない。

ただし、新図書館が開館後に古代のモデルとパラレルな活動を本当にしているのかどうかということになると、疑問の声も少なくない。松岡正剛はデレク・フラワー『知識の灯台』の書評でこの問題に触れて、「(1)もし21世紀のヘレニズム文化があるのだとしたら（たとえばEUもそのひとつだろうが）、それをアラブ世界が抱きこもうとして何を検討したのかということ。(2)アレクサンドロス大王およびプトレマイオス朝が創建した古代都市アレクサンドリアの役割から何を再生しようとしたのかということ。(3)いったい21世紀の「知の殿堂」としての図書館はどうあるべきなのかということ。」の三点の疑問を呈している[3]。松岡は(2)の問題について、古代図書館の役割が新しい古典を新しい秩序によって編纂する仕事であったと整理した上で、新図書館が現時点では既存の分類法体系に出版物を置くだけの公共図書館でしかないと批判した。

新アレクサンドリア図書館の建設を通してアラブ世界が西欧世界の知の秩序に新しく何を提案するのかという(1)や(3)の問題もあいまって、同館は未だ軌道に乗ったとは言えない状況のようだ。図書館のような文化機関は時間をかけて一定の文化機能を醸し出すのであり、最初からそのような機能は生み出しえないという考え方もある。オイルマネーとアラブ世界の国際政治のコンテクストのなかから生まれたこの図書館ではすでに様々な国際会議が開かれたりしてはいるが、古代図書館に匹敵する知的生産物を一貫して出し続ける仕掛けはまだつくられていないようである。

大英博物館の閲覧室

一八世紀中頃に開館した大英博物館（The British Museum）は、一九九八年に歩いて一〇分ほどの地に英国図書館（The British Library）を分離して開館するまでの二五〇年間ものあいだ、同一の建物に博物館と図書館を同居させていた。今博物館に行ってみると、かつて特別の資格がなければ利用できなかった閲覧室が一般向けの資料とデータベースを開放する学習スペースに変貌している。この閲覧室はカール・マルクスが『資本論』を書くために利用したことで有名でもある。大英帝国の植民地主義によって獲得された文化遺産の総合的な展示場という趣きのある博物館に、国家体制を左右する可能性をもつ知的生産物を生み出す仕掛けが施されていたことは記憶しておいてよいであろう。

大英博物館閲覧室が先駆けとなるような、市民がだれでも無料で自由に利用することができる近代的図書館は、英米や北ヨーロッパから出発して世界にひろまった文化装置である。それは、知の蓄積と交流の仕組みを権力者や上流階級、知識人、聖職者など社会の一部の特権階層の人々にとどめず社会のあらゆる人々に解放する運動であった。しかしながら、電子ネットワークで知を容易に媒介することが可能になった今となっては、こうした建物と資料をもって人を迎え入れる仕掛けがどのような意味で人を迎えられるのだろうか。

2　六本木ヒルズの会員制図書館

会員制図書館の出現

今世紀になって日本に本格的な会員制図書館が現れたことが話題になった。二〇〇三年に竣工した六本木ヒルズに設置されたアカデミーヒルズ六本木ライブラリーである。二種類の会員があり、一日二四時間個室が利用できるオフィス会員の会費が月額九万四五〇〇円、夜一一時まで共用スペースが利用できるコミュニティ会員の会費が月額九四五〇円ということである。この図書館の成功により、二〇一〇年七月に平河町ライブラリーが開設されたが、こちらはbizメンバーのみで月会費が三万一五〇〇円だそうである。

英米の都市公共図書館には、前身にこうした有料制の会員図書館をもつ例が少なくない。世界最大の公共図書館であるニューヨーク公共図書館は、一九世紀まであった会員制のアスター図書館、レノックス図書館が統合されて、二〇世紀初頭、新たに財団運営の無料公共図書館として出発した。今でもロンドンにあるロンドン図書館（The London Library）やボストンのボストン・アシーニアム（Boston Athenaeum）は、原型を残して私立図書館として運営されている例である。これらの図書館の特徴は、都心の便利なところで図書館サービスを受ける場としてだけでなく、主催されるイベントやパーティへの参加を通して会員どうしが知的な交流を行うところにあった。つまり中上流階級の社交の場、クラブとしての機能である。

交流よりも勉強

六本木ライブラリーも、都心の立地条件と個室スペース、そして二四時間制の司書によるサービスが提供され、そして共通のイベントに参加し交流する場が用意されている。これらのサービスに対価を支払う人々が現れたという事実に対して、わが国社会の階層分化が進んでいるという見方をすることも可能であろう。だがここでは、場所、資料、サービスの条件が整ったとき、それに対して一定の会費を払っても利用したいという需要が存在していることに着目したい。ここの運営責任者である小林麻美によると、ここを知の共有の場としてつくったことは確かであるが、最初から特定階層のサロンを意図していたわけではなく、実態として、組織から離れたビジネスパーソンが知的な刺激を受ける場として使われているということである[4]。

事実、その使われ方は、ビジネスパーソンの私的な知的空間という感じである。会社から離れて自分の仕事をしたい人のための共同書斎である。要するに都心部に自分だけの勉強部屋がほしいという要望に応えるためにできたもので、そこには相互交流への期待も資料提供の場としての要素もあまりない。本はライブラリーを飾る重要なアイテムとして置かれているが、会員の共同の財産ではなく一割引で購入することになっていることからわかるように、この部分については書店のショーウィンドウに近い。日本の図書館の極北が勉強部屋とショーウィンドウであるというのは興味深い。

3　戦後図書館の出発点

占領期の図書館政策

日本の図書館は、形式的には明治以来つくられてきたが、社会に不可欠なものと認知されることは稀だった。これには東洋的な伝統として、一冊の書物を繰り返し読んで味わうような態度が大事とされ、図書館が前提とする共同的な書物利用を軽視する風潮があったことがまず挙げられる。また、近代日本が国家発展のモデルを西欧諸国に求めたために、学問や文学を輸入する相手がきわめて限定され、多様な知の交流が避けられたことも理由として考えられる。さらに、戦後の図書館法で公共図書館の設置目的が文化や社会教育という曖昧なものとされたので、産業開発を最大の国是としてきた戦後社会にその必要性が十分に認識されなかったのかもしれない。

占領期はアメリカ的な教育思想が支配的であった。とくに、その初期に占領軍で統治政策に関わっていた人たちはニューディーラーが多く、日本の改革にリベラルな理想主義を持ち込んだ。学習者の自主性を育てる学校教育や成人教育が重視され、図書館はそこに位置づけられた。占領期の図書館重視政策はそこから出発していた。

その典型は一九四八年（昭和二三）に設置された国立国会図書館である。新憲法で三権分立が原則とされ、なかでも国民によって直接選挙で選ばれる議員が活動を行う立法府の優位が確認された。行政府の官僚は、張り巡らされた行政ネットワークを通じて国内の各層から情報を取得できるのに対して、議員がこれに対抗するには、情報資料と調査サービスを提供する人的資源を備えた図書館が必要とされた。その意味で国会図書館は民主主義政治を実現する重要な役割を担っていた。

この時期、日米の文化交流の場としての図書館も存在した。一九四七年から占領終了期まで全国の主要二〇都市あまりに置かれたCIEインフォメーションセンターは、当時の日本の閉鎖的な図書館とはまったく違う開放的な場であった。そこはまた占領下のメディア統制のなかで生のアメリカ文化に触れることができる唯一の場であった。英語の本を読むだけでなく、週遅れの新聞や月遅れのグラフ雑誌を眺めたり、米国本土ではやっている映画やレコードを鑑賞したり、著名な来日アメリカ人の講演会があったり、さらには英会話教室が開設されたりというように、戦後のアメリカ追随の日本文化の出発を示すメディア体験の場となっていたのである。そこは占領といういびつな関係のもとにおかれていたにせよ、二つの文化が交わる契機となっていた。

CIEインフォメーションセンターは、文字通り外国からの情報が入る数少ないセンターであった。東京日比谷の日東紅茶ビルに置かれたセンターは、情報が断たれていた当時の科学者や技術者が『ネイチャー』や『サイエンス』といった雑誌を通じて外国の最新の科学情報を得る場であった。生命科学や計算機科学などでその後の日本の科学技術をリードする人々が、「日比谷留学生」としてここに通って情報を得たということである。(5)

高度成長期の図書館

占領終了後の一九五五年体制と呼ばれる実質的な単独政党による支配体制は、政官業の連携を強めた。結果として、国立国会図書館の利用は野党議員を中心とするものになり、当初の設置理念が十分に生かされることはなかった。また、国の図書館政策という視点からすると、文部省管轄の帝国図書館を取り込む形で国立国会図書館ができたことにより、戦後の文部省の図書館政策が中途半端になる原因をつくった。そのこともあって、公共図書館振興は政府と異なったレベルで進められた。

CIEインフォメーションセンターが示した新しい図書館サービスは、多くの国民に受け入れられた。しかしながらこれは戦後公共図書館のモデルになりえなかった。朝鮮戦争から冷戦体制に入った時期における占領政策の転換、そして占領終了後の政策転換という二度にわたる政策転換は、自律的な判断ができる市民を育成するという当初の教育理念を隅に追いやり、産業社会を担う人材を養成するために一斉教育を旨とするものに変化させた。これによって図書館を生かして学校教育や社会教育を進めるリベラリズムは失われ、図書館への財政的なサポートはきわめて限られたものになった。

㈳日本図書館協会は、一九七〇年代以降の図書館政策として貸出しサービスを前面に方針を打ち出した。これは、自治体に複数の図書館施設をおいて、どこに住んでいても同じ条件で貸出しを中心としたサービスが受けられるようにするものである。アメリカではなく、イギリスをモデルとしていたことは興味深い。中流市民の存在を前提としていたアメリカの公共図書館と違いイギリスの公共図書館は、歴史的に階級制度を反映して労働者階級向けの貸出し図書館と中流向けの調査研究図書館とに分離される傾向があった。一九七〇年代以降の日本の貸出し図書館政策は、関係者が一九六〇年代にイギリスの図書館制度を視察し研究した結果、とりあえずその貸出し図書館の部分を導入しようとしたものである。

高度成長期を少し過ぎた頃、地方自治体の財政状況にはようやくゆとりが出始め、これが生活に直結した住民サービスを展開する動きとあいまって、この新しいタイプの図書館が広く普及した。当初の考え方では、貸出しサービスに力を入れることによって図書館の定着をはかり、一定の普及をみた後で調査研究的なサービスに移行することになっていた。だが多くの自治体では、新しい段階に移行することなくそのまま貸出し中心のサービスが展開されていった。

4　貸出し図書館の限界

貸出し図書館モデルの普及

一九八〇年代から九〇年代にかけて、貸出し図書館モデルによる公共図書館が全国各地で続々とつくられるようになった。この時期まで後回しにされてきた文化施設が脚光を浴びるようになったからである。

自治体の文化予算に余裕ができて、日本の美術館関係者が世界中のオークションで有名美術品の価格をつり上げるといって非難されたのはバブル経済期であった。あのころ有名作家の一点豪華主義的な方針に従って美術館に納められた作品のなかには、今となってはもてあまされ気味になっているものもあるようだ。これを反省して、自治体の美術館ブームがバブル期の経済的な余裕の反映にすぎず、それぞれがきちんとした文化政策のもとに進められたものとはいえないという評価もなされている。

他方、同じ頃数を急速に増やした図書館は、着実に住民の図書館利用を促してきた。確かに、バブル的な大図書館も建てられたが、ここ一〇年ほど、経済不況が深刻になるほど資料の貸出し数は増えた。

そのからくりは、図書館の戦略が美術館や博物館と比べると住民の生活から生まれるニーズに忠実に資料を提供することを選んだ点にあった。住民が要求しそうな資料を先取りして用意し、積極的に提供しようというのは一九七〇年代以降、図書館運動のリーダーたちが主張してきたことである。

だが市民が求める資料の多くは普通に書店で入手しやすいものなので、この方針は、よく読まれる本をたくさん提供すればよいという単純なものに転化しやすくなった。効率的な自治体経営を求める動きとあいまって、図書館は、司書による専門的なサービスを提供するよりも、市民の求めるベストセラーなどの市販資料をできるだけ安上がりに提供する方向を選んだ。図書館サービスの文化促進的な側面は、容易に消費者のニーズに対応した消費主義に転じていったのである。

モデルの見直し

二〇〇二年あたりから作家や出版関係者によって、公共図書館がベストセラー類の複本を大量に提供していることで彼らが損害を受けているだけでなく、これが出版不況にも結びついているという主張が行われるのが目につくようになった。論者によっては、出版後数カ月の貸出し利用の停止を求めたり、貸出しによる売り上げ減少分の補償を図書館や国に請求することができる「公共貸与権」を法制化することを求めたりしている。公共図書館がこのような社会的議論の的になることはかつてなかったことであり、このことからようやく社会的機関として認知されたということもできる。

こうした声が出始めているが、筆者はこの議論に拙速に結論を出すべきではないと考える。というのは、国際的にみても現時点での日本の図書館の活動レベルはそれほど高水準ではないことが挙げられてきた。公共図書館の貸出しサービスを評価する指標として国民一人あたりの年間の平均貸出し数が使われるが、一九九九年のユネスコ統計年鑑からとった国別の数値は、上位からフィンランド（一八・八）、デンマーク（一四・二）、オランダ（一二・〇）、イギリス（九・一）、スウェーデン（七・九）、カナダ（六・八）、アメリカ（六・一）などとなっている。アメリカを除いて貸出し数の上位国は同時に公共貸与権制度の実施国である。本来、この制度導入の前提は高い貸出しレベルであったが、日本はこの時点では四点弱の数字を示しているにすぎず、まだこの制度を必要とするほどではなかった。

だが、貸出し中心の資料提供方針を続けていけば、いずれ何らかの制度的対応を考えなければならないだろう。昨年秋に報告された日本書籍出版協会と日本図書館協会の共同調査でも、ベストセラー提供に関して図書館はかなりの数の提供を行っていることが明らかになっている(6)。現在貸出し数でいえば、日本はドイツやフランス、イタリアなどの中南欧諸国と同レベルである。ドイツではすでに一九八〇年代から公共貸与権制度が導入されていたが、他のEU諸国も共通の法体系のもとでこれを導入することになっている。

サービスの再定位

今、日本の経済社会においては公共性と経済原理の再調整が進行中である。図書館サービスが税金でまかなわれるのにどの程度の根拠があるのか、同じサービスを提供するために他のもっと安価な方法でなく今行われている方法で実施するのはなぜなのか、などの問いにきちんとした説明ができなくてはならない。情報コンテンツ市場が発展して知的所有権に対する意識が急速に高まっているために、図書館が果たすべき情報の共同利用という機能自体に見直しが要求されるようになっているのである。書店で購入できる本の複本を図書館で大量に提供するサービスは、書籍市場への影響が大きいわけだから、何らかの説明が必要になる。

この場合、個々の市民は適切な情報環境を必要とするが、自分で全部を購入してまかなうことには限界があるので、図書館のような公共的な仕組みをつくるのだという説明をするのが一般的であろう。また、あらゆる人に対して開かれた図書館は情報格差の是正を究極の目標とするというように、情報福祉主義の観点から機能を定義し直すことも可能である。けれども、いずれの説明によっても、市場で容易に入手できるベストセラーの複本を図書館で大量に提供する方針を正当化することはできない。

貸出しは、図書館のもつ文化交流機能を実現する手段の一つにすぎない。日本の図書館は、貸出し数で同レベルのドイツやフランスの図書館と比べても、資料の生産者である作家や出版社との関係や、地域の他の機関との連携についてあまり熱心ではなかったのは事実である。市販出版物の貸出しばかりに気をとられて、さらに基本的な文化交流の機能がおざなりになっていたのである。図書館司書には古来変わらず、情報や文化の生産者と市民を結びつけるコーディネーターの役割が求められている。これを取り戻すことが課題である。そして、インターネット等の新しい情報環境を踏まえて、出版物からネットワーク上の情報資源までを対象にした情報提供と情報発信を行うことが必要となる。

5　文化交流の拠点としての図書館

知の媒介機関

図書館が今の利用者にとってどのように役に立つのかとか、出版物の購入者としてどの程度のマーケットになっているのかといった議論は大事である。だが、図書館が文化に関わるとすれば、別の説明の論理も必要になる。

図書館は古今東西の開放された知を利用者に媒介する機関である。図書館が時間と空間を超えて資料を蓄積し続ける最大の根拠は、その時々の政策判断や社会状況をに左右されずに残さなければならない文化遺産が存在し、その管理を担っているということである。図書館司書はそのための専門職である。

このことは、かつて強く認識されていた。公立図書館が行政的に社会教育施設として教育委員会の管轄下におかれているのはそのためである。教育委員会は、教育文化的な営為がときの行政権力と一線を画すために首長部局から独立している。教育委員会廃止論もあってこの点があいまいにされつつあるが、こうした文化資源管理の根拠を再度確認すべきである。

また、図書館という開かれた場そのものが社会にとって必要であるという意見も無視できない。なんとなく図書館の雰囲気が好きで定期的に足を運ぶという人は多い。自宅に机と椅子が用意されているのにもかかわらず、多くの学生が勉強の場として図書館を選びたがる。図書館にはある種の居心地の良さがある。それは、立地場所、建物、蓄積された資料、司書によるサービス、そしてそこに集まる利用者自身がかもしだすものが与える作用であろう。六本木ライブラリーに会員がつくのも同じことである。こうした図書館が培ってきた、目に見えない文化的環境を醸成する役割は重要である。これは青少年あるいは高齢者の「居場所づくり」という行政的な課題でもある。

「過剰」としての図書館

文化とはある意味で「無駄」や「余裕」と密接に関わるものである。著書『呪われた部分』で文化は社会の過剰性そのものであると喝破したのは、フランスの思想家ジョルジュ・バタイユであった。彼は国立図書館（Bibliothèque nationale）の司書を長く務め、そこに蓄積された閲覧されることも稀な膨大なコレクションを管理し続けた人であった。

今、日本社会はこのような「無駄」に投資する余裕を失っている。図書館では貸出しサービスを効率的に運用するという名目で、資料費減、サービスの外部委託化、司書の他部局への配置換えなどが進行している。しかし、政治経済は数カ月、数年単位で議論されるが、教育文化は一桁上がって数年から数十年単位で考えなければならない。かつて地元の住民に理解されないと批判された地域美術館の抽象画も、時間が経つにつれてなじんでくる。アレクサンドリア図書館のように二〇〇〇年の時を超えて復興される例もある。いつまで続くか分からない新自由主義的な行政管理論の掛け声に萎縮して、文化交流の拠点としての図書館の役割を放棄することがあってはならないと考える。

コラム3　出版文化と図書館

今、情報ビジネスの世界ではロングテール（恐竜の長いしっぽ）という言葉が話題になっている。普通の商店では売れ筋のものをいかに仕入れて売りさばくかが課題だが、インターネット上では在庫を気にしなくてすむので、普通はなかなか売れないものでも売ることができる。売れるものから順番に売上高をグラフに描くと、ごく一部の売れるものが恐竜の頭の部分にあたり、売れないものはその後ろに続く長い長いしっぽの部分にあたるというたとえである。

出版業はロングテールの典型である。ハリーポッターシリーズのように大ベストセラーが出る一方、ほとんどの出版社は自転車操業的に本を出すことで糊口をしのいでいる。まして、少部数、多品種の人文系の本の売り上げはかなり厳しい。取次店とはいわば本の流通に関わる会社であるが、返品可能な本の在庫調整という重要な役割を果たしている。

一年間に日本で新しく発行される本は七万点を超える。一〇年前くらいまでは年間三〜四万点ほどで安定していた。経済不況の進行とともに年々出版点数が増えている。出版社が、売れる売れないは別として新刊を出すことで一時的な資金回収ができる仕組みになっていることから起こる現象である。

出版産業は特殊な業界である。一方で他の市場と同様にたくさん売れなければ商売にならない。が、他方で出版物は学術や文化を運ぶメディアであるから、商売を度外視してでも発行する場合が出てくる。文化産業と言われるゆえんである。このため、出版物は独占禁止法上の再販指定商品になっており、定価販売が認められている。つまり価格競争が起こって出版物の質の下落を招かないようにという配慮がなされている。

多くの書店で手に取ることのできる本はごく限られている。一年の新刊点数の二割、一万五千点を並べることのできる書店はまだいいほうである。それだって一日に一〇〇点の本がでるわけだから、常時並べておけるわけではない。来た本を並べて売れないとすぐに返却してしまうことが繰り返されている。そういうわけで、欲しい本を書店で探してもなかなか見つからない経験をたびたび繰り返すことになる。

図書館は本という知的文化財を共同所有する仕組みで、古代ギリシアの時代から営々として存在し続けている。税金で資料を購入し、これを住民がみんなで共同使用するものである。ちょっと前に、作家や出版関係者のあいだで、図書館が大量のベストセラー書を貸し出すことで、自分たちの利益が損なわれているという主張が行われた。確かに大都市圏の図書館を中心にベストセラーについて何冊も同じ本を貸す例が見られる。こうなると無料貸本屋と言われても仕方がないが、本来、図書館は売れないものも含めて蔵書をつくることで、文化推進の重要な役割を果たすことになるはずだ。公共図書館だけで全国に三〇〇〇館、大学図書館が一五〇〇館ある。例えばの話、一館が一冊購入しただけで、ちょっとした教養書の初刷り分がすべてはけてしまうのだ。

ロングテールは文化の多様性を保証する源である。私たちのように売れない本を書き、また欲しい本をすべて買うこともままならず、また、買っても置く場所すら事欠く有様だと図書館のありがたみが身にしみる。

第4章　「場所としての図書館」をめぐる議論

1　「場所としての図書館」vs.「電子図書館」

「場所」か「場」か

図書館サービスおよび資料のデジタル化、ネットワーク化は急速に進んでいるが、一方で図書館の本質を見直して「場所としての図書館」あるいは「建物としての図書館」を再評価する動きもある。本章ではその議論を米国の図書館を中心にみて、併せて日本でどのような議論になっているのかも簡単に検討したい。

「場所としての図書館」という用語は、“the library as place”の訳語である。これを日本語の語感から「場としての図書館」と訳す場合もあるが賛成できない。「場」という言葉は、学術用語としては通常“field”の訳語とされ、重力場とか磁力場というように目に見えない力の作用が働くところを意味するもので、ゲシュタルト心理学でも用いられている。“place”にはそうした意味はないし、後に述べるように図書館をそのような機能的な概念ではなく、あくまでも設置される場所や建設される建物を中心にしてとらえ直すことに意義があると考えるので、「場所」という訳語にこだわっておきたい。

バーゾールの理論

さて、筆者にとってこの議論は、ウィリアム・バーゾール（William Birdsall）の『電子図書館の神話』を翻訳したとき以来のなじみ深いものである。(1) 原著が書かれたのは一九九〇年代前半のまだインターネット普及以前であるが、すでに電子図書館と場所としての図書館を対立的に見る見方が検討されている。バーゾールは「場所としての図書館の神話」を一九世紀半ばの公立図書館運動が発生する時期にさかのぼらせ、対して、「電子図書館の神話」を一九三〇年代末のヴァネバー・ブッシュの“Memex”構想に見られる情報検索システム発生の時期にまでさかのぼらせる。「神話」という概念は彼が分析を進めるときの方法的な概念であって、実態ではなく人々が共通にいだくイメージの上での対立関係を示唆している。バーゾールの言う二つの神話の対立軸を、筆者は表4-1のようにまとめたことがある。(2)

この表からは、まず「場所としての図書館」と「電子図書館」とは基本的に異なった存在であること、そして単なるメディア・テクノロジーの違いがあるだけではなく、それを支える組織モデル、政治哲学や社会構成理論が基本的に異なっていることが分かる。本章では、このなかで図書館のトポロジーとしての「建物」対「ネットワーク」を中心として論じることにする。

2　「場所としての図書館」再論

図書館消滅の悪夢

かつて『*Chronicle of Higher Education*』誌に書かれたスコット・カールソン（Scott Carlson）の「人け

表4－1　場所としての図書館 vs. 電子図書館

	場所としての図書館	電子図書館
基　調	伝統、権威	機能、効率性
トポロジー	建　物	ネットワーク
図書館モデル	公共図書館	学術図書館・専門図書館
メディア	本	コンピュータ テクノロジー
メッセージ	知　識	情　報
社会理論	セラピー社会	情報社会
図書館員	セラピスト	情報仲介者
専門職モデル	人間志向的サービス専門職	非人間志向的サービス 専門職
組織モデル	官僚制	独立自営
政治哲学	コミュニタリアンに近い 自由主義	市場志向の新保守主義
コミュニケーション モデル	儀式モデル	伝達モデル

のない図書館」という論文は、多くの図書館員にショックを与えた(3)。学生たちは図書館に直接行くことが少なくなっているが、他方ではカフェや自宅からオンラインで接続して図書館を利用している有様を描いたものである。図書館に見向きもせず、サーチエンジンのみに頼って情報を取り出そうとする日本の学生と比べれば可愛いものとも言えるが、実際にそうしたことが起こっていることに身構える図書館関係者は少なくない。

『電子図書館の神話』刊行後一九九〇年代後半に本格的なインターネット時代が到来した。図書館消滅の悪夢がいたるところで語られるようになり、それに対する反論も頻繁に現われた。有力な図書館擁護論者の一人であるマイケル・ゴーマン（Michael Gorman）は著書『われわれの不朽の価値――21世紀のライブラリアンシップ』の第3章において、ヴァーチャル・ライブラリーの代替モデルとしての「場所としての図書館」を論じ、そのなかでとくに身体障害者への配慮、インターネット接続（ワイヤードないしワイヤレス）、複合施設の効用について述べている[4]。一連の議論を「論争」という人もいるが、これはまもなく収束をみることになった。短期間に図書や図書館がなくなるわけではないことがはっきりしてきたことで、図書館関係者の関心は電子的なサービスを含めて居心地のよい図書館をつくる方向にシフトしていったからである[5]。

設置面での対応

シル（Harold B. Shill）らは、一九九五年から二〇〇二年までの米国の大学図書館において、施設・設備を改善させる試みについて調査を行い、一八一の事例を収集している[6]。その中では、増築ないし改築が四二％、単独館の新築三〇％、複合館の新築が一三％などとなっている。この間の施設設備面での工夫として、床面積の増加、図書館専用スペースの増加、館内のケーブルシステム、データポートの増加、パブリックアクセス端末の増設、座席数の増加、グループ学習用の部屋の増設、座席へのＬＡＮ端末の設備、無線ＬＡＮ設備などが報告されている。全体に、館内におけるインターネット利用環境を快適にすることで、利用者満足度を高めようという努力が見られた。

3　図書館機能の再認識

場所としての図書館への認識

米国の図書館情報資源振興財団（Council on Library and Information Resources：CLIR）は、二〇〇五年二月に『場所としての図書館――役割を再考し、空間を再考する』と題した報告書を発表した。(7) この報告は、すべての研究コレクションがデスクトップからアクセス可能という状態にはほど遠いものの、高品質の豊富な資料が電子的にアクセス可能ではあるという状況のなかで、言い換えれば、図書館の利用形態として直接訪問以外の方法が一般的になりつつあるなかで、図書館空間はいかにあるべきか、について、一名の建築家、四名の図書館員、一名の人文系の研究者によって書かれたエッセイを集めたものである。この内容をざっとレビューしておこう。

学術図書館での例

まず、建築家ジェフリー・フリーマン（Geoffrey T. Freeman）は「場所としての図書館――学習パターン、コレクション、テクノロジー、利用における変化」と題するエッセイで、図書館こそが、利用者志向でサービス精神にあふれた環境において新しく出現したテクノロジーが伝統的な知識と結びつけられる唯一の場所なのだと述べる。(8) そして、電子テクノロジーの進展が学習環境としての図書館を大きく変容させ、資料の配置を中心にしてきた一〇～一五年前には図書館には不要とされていた学習スペースが新しいかたちで要請されるようになったと言う。図書館建築にとって重要なことは、教室の学習機能の延長として、利用者がどのような情報行動をとるのかを予測しつつ機能の配置をすることだと述べられている。この学習スペースの再配置は、エール大学名誉図書館長スコット・ベネット（Scott Bennett）の「バランスを正す」においても強調されている。[9] バランスとは、デジタル技術と旧来の印刷資料とのバランスであると同時に、従来型の単なる資料閲覧の場と新しい情報環境に合わせた学習空間の提供とのバランスを指している。

サム・ディマス（Sam Demas）の「アレクサンドリアの灰から――大学図書館で何が起こっているか」では、古代アレクサンドリアのムセイオンをモデルにした古典的でありながら現代的な場所としての図書館＝博物館のイメージが語られる。[10] ムセイオンは学術コミュニティであって、アレクサンドリア図書館と連携しながら、学者の交流の場となって研究と学習が同時並行的に進められた。このように図書館もまたそうした多様な交流と学習の場を提供すべきだというのである。彼は、大学図書館の機能が次の要素を兼ね備えているという。

・安全と快適さ、そして静寂を提供する
・自由である。無料で使える
・学習・文化環境のなかでほかの人と一緒にいられる場所である
・学習、探究、質問そして娯楽の機会を提供する
・選択と思いがけない発見（セレンディピティ）の機会を提供する

すなわち、そこにいるだけで学術上の付加価値を感じとることができる場所は、大学において図書館しかないことも確認している。

バーナード・フリッシャー（Bernard Frischer）もまた、デジタル時代だからなおさら建物を伴った研究図書館が必要だと述べている[11]。彼はデジタル技術の三つの帰結を説明する。一つは、デジタル時代にこそ図書館は利用者に大量の情報を提供するために存在するのではなく、質の高い情報の入手を保証してくれる存在になるということである。二つ目には、グーテンベルク時代の本の書き手が図書館を必要としたように、デジタルコンテンツのつくり手もまた図書館を必要としているということである。三つ目には、サイバースペースの時代には本物の空間あるいは実物の建築物こそが重要な意味をもっており、キャンパスにおいてそれを体験させる唯一無二の施設が図書館であるという。

新しい施設展開

デジタル時代になっても、巨大な図書館がどんどんつくられるのはなぜなのだろうか。これまでの論者が述べているように、場所（place）そのものが大学など学術の場にふさわしい付加価値を知のシステムに与えるからだろう。ところが都市住民にとっても「場所」は重要で、両者を一緒に進める例がある。クリスチーナ・ピーターソン（Christine A. Peterson）は、二〇〇三年八月に竣工したサンノゼ州立大学とサンノゼ市が協同で建設したDr.マーチン・ルーサー・キングJr.図書館の図書館員であり、この図書館の最初の一年目について報告している[12]。

これは、三万人の学生のための大学図書館と九〇万人の市民のための公立図書館を文字通り統合した図書館である。これまでもそうした試みは存在した。ケルンなどのドイツの大学都市には都市＝大学図書館が置かれている。しかし、米国では珍しい例であろう。通常は大学関係者が市民との共用を拒否するため、こうした図書館はなかなか成立しない。財政的な理由があるにせよ、異なった経営母体を調整して両者の統合を主張した人々の慧眼に敬意を表さなければならない。彼女が報告しているように、大学図書館と公立図書館のコミュニティは異なったニーズをもつ部分があるが、情報探索、読書、集会活動、レクリエーション、情報リテラシーなどあらゆる領域でオーバーラップしているのである。[13]

最後のエッセイは、ジョンズ・ホプキンス大学ウェルチ医学図書館のキャスリーン・オリヴァー（Kathleen Burr Oliver）によるものである。[14] 医学のように最先端の情報が追求される分野はほとんどがデジタルネットワーク化され、一見すると「場所」の必要性が否定されそうである。しかしながら、そこではむしろ人的サービスの拠点を積極的につくっていくことが行われている。「現場向けの一揃いのサービス」といったニュアンスの「タッチダウン・スイート」（touchdown suite）と呼ばれる施設では、利用者（医者や医学研究者）が活動する場所の身近に置かれることで機動的な図書館サービスができることが強調されている。

以上、紹介した報告書の内容は、場所としての図書館の将来について楽観的な態度に終始している。報告書を編集したＣＬＩＲの役割上それが強調されるのは当然ともいえるかもしれないが、やはり米国の大学において図書館と図書館員がここ一〇〇年ほどで築いてきた位置づけは決して小さくはないことを示している。とともに、デジタル情報環境の評価についても、たかだか一〇年ほどの実績しかないインターネット情報環境に揺るがされない自負が感じ取れる。

4　日本での議論

「居場所としての図書館」

日本における「場所としての図書館」論についても触れておこう。これが意外なことに、デジタル化や電子化との関係で場所としての図書館を論じることはあまり行われていない。日本では、ランカスターのペーパーレス社会論からはじまった電子図書館論はほとんどが輸入概念である。おそらくのところ、自前の電子図書館論がつくれないのは自前の図書館論がないからであろう。図書館論がありそのアンチテーゼとして電子図書館論がつくられて、初めて「場所としての図書館」が論じられるのである。

それでも日本で自前の図書館論がつくりだされようとしている兆候と思われるものに「居場所としての図書館」論がある。地域社会における「居場所論」は学童保育や青少年問題、そして高齢者福祉などの観点で語られてきた。図書館は子どもたちや若者、子育て中の主婦、そして高齢者にとってそれぞれ異なった意味で「居場所」として認知されるようになっている。雑誌『世界』に掲載された虫賀宗博「私の居場所　自殺したくなったら、図書館に行こう」という論考は、そのタイトルにあるとおり図書館が地域生活において欠くことのできないプラス価値の要素を与える存在という評価が示されている。こうした見方はまだ限定されてはいるが徐々に広がり始めている。(15)

建築家による議論

図書館建築に関する専門家による議論は、図書館関係のメディアだけではなく、建築関係のメディアでも行われることがある。比較的新しい建築誌『*Detail Japan*』でも図書館を特集している。[16] これらに一通り目を通してみて、二つの傾向を確認できた。一つは、建築家や批評家による国内外の有名な図書館建築（フランス国立図書館、英国図書館、シアトル公共図書館、国立国会図書館関西館、国際子ども図書館、せんだいメディアテークなど）についての批評である。これらの批評には、図書館がほかの公共施設とは異なった知を扱う場所であるという明確な認識に基づいているものがある。[17] もう一つは、『市民の図書館』以来の図書館建築家が担ってきた機能主義的な建築論を披露するものである。『市民の図書館』は図書館を資料提供の場所として位置づけているので、利用者から見た使いやすさが最も重視される要素となっている。この考え方は現在にいたるまで引き継がれている。[18]

5 図書館建築論のゆくえ

『電子図書館の神話』で建物の問題を扱っているのは6章「感覚的にとらえられた図書館」である。このなかで著者は、図書館に対する一般的なステレオタイプである「学びの大聖堂」という歴史的な概念を図書館員が嫌い、もっとモダニズム的な機能概念に飛びつこうとするのに対して、建築家は必ずしもそうではない選択をする場合があると述べている。[19] 確かに二〇世紀初頭の米国においては、同じような新古典的様式の設計プランにより建築された一連の公共図書館（カーネギー財団の寄贈によるためカーネギー図書館と呼ばれる）が現れ[20]、それ以前から存在する議会図書館、大都市部の中央図書館（例のニューヨーク公共図書館の建物）、伝統をもつ大学図書館とともに図書館の外観のイメージを決定したといえる。過去に書かれた図書館建築の本で最も影響力が強いホウィラーとギスンズの『アメリカの公共図書館建築』は、この固定的なイメージを否定し、よりモダニズムを志向した方向を提案した[21]。その後二〇世紀の中頃は効率性を体現する建物が好まれたが、末になるとシカゴ公共図書館の新しい建物がネオクラシカルな外観をもつことで注目され、旧カーネギー図書館のリノベーションが話題になるなど再び復古的になった[22]。

建築学では、合理主義とシンプル性を重視するモダニズムから装飾的なポストモダニズムへ、そして再度シンプルな「現代建築」への変遷が見られるといわれる。五十嵐太郎によると、ポストモダニズムからポスト・ポストモダニズムへの転換となったのが、一九八九年の新フランス国立図書館のコンペで若手のドミニク・ペローが出した建築案だったとされる[23]。それが、図書館本体は地下に収まり、開いた本の形をした四対の書庫塔が対称をなして建っているあの印象的な建築である。装飾なきガラスのモニュメントはポストモダニズムの建物とは異なるが、といってコンクリートとガラスのモダニズム建築の機能主義とも異なる主張が見られる。同じ時期に竣工した英国図書館（セントパンクラス）の新しい建物はさらに全体が地下に潜るかたちをとっている。大英博物館の円形閲覧室というシンボリックな前身をもち、隣にゴシック尖塔の印象的な建物があるために、常にナショナリズムを背景にしたモニュメントが要求されるなかでできたこの建物は英国的でないとして批判されることがある。しかしながら、その設計者コリン・セント・ジョン・ウィルソンは三〇年をかけてこの建築物の意義を追求し、一九世紀中葉のイングリッシュ・フリー・スクール（英国自由派）に起源をもつモダニズムとゴシックの融合のアイディアに位置づけているという[24]。

新しい建物は常にその時代の息吹を忠実に受けて成立する。図書館が知の構築物であるとすれば図書館は時代の知的状況を反映するのである。二〇〇四年に開館し世界的に話題になったのがシアトル公共図書館の新しい建物である[25]。オランダの建築家レム・コールハースが率いるOMAがリニューアルを手掛けた。ガラスと鉄の構造体で覆われた外観がきわめて特徴的で、スケルトン状の天井からは太陽の光が射し込み、夜には暗闇に向けて光を放っている。館内は一二層構造で、螺旋状に連なる四層分の開架スペースや三六〇度の眺望が楽しめる大閲覧室が設けられている。米国の大都市は一九九〇年代のシカゴ、サンフランシスコの模索を経て、ＩＴ産業のお膝元シアトルに新しい「場所としての図書館」を作り上げたのである。

コラム4　青森の図書館を訪れて

青森市民図書館は青森駅前の再開発ビル（通称アウガ）の六階から八階までに置かれている。青森は青函連絡船の就航で栄えたところだが、本州から北海道に行く交通手段は飛行機に取って代わられ、また、青函トンネルもできたことで、かつてのにぎわいはなくなっている。そうしたなかで街の活性化の期待を背負って二〇〇一年にできたのが、駅前広場からメインストリートの県庁通りに入るとすぐ右手にある大きなビルである。コラム6で紹介する企業城下町豊田市は例外的だが、青森なら人口規模や財政力などを考えてもいわきの図書館の先行事例として参考になると思い、訪問してみた。

地下一階から地上四階までは、飲食店とファッションを中心とした小売店となっている。その上の五階は多目的なホールや会議室がある「カダール」（津軽弁の「語る」からきているという）が入り、さらに上の三階分が市民図書館となっている。カダールの五階から図書館の八階までが、カラス張りの吹き抜けの「インナーパーク」という開放的な空間が広がっている。図書館部分は八〇〇〇平米あって、ひろびろした感じで悪くない。

図書館の六階部分はヤングアダルト向けのサービスと視聴覚資料がそろっている。そして、七階が児童図書と大人向けのポピュラー図書館、八階が専門資料をおいた図書館と分かれている。訪問したのが平日の夕方だったので、学校帰りの中高生や勤め帰りの人などでにぎわっていた。ファッションビルの上にあるということもあり、若い人の利用が目についた。図書館の職員に聞くと、これがもっと早い時間だと就学前の子どもを連れた母親や高齢者の利用が多いという。時間帯によって使い分けられているのである。

公園もそうだが、都市にはこうしたゆったりとした空間設計が必要である。ちょっとした時間つぶし、息抜きの場として図書館は重要である。現代社会は一人になれる場というのが意外に少ない。読書は書物と無言で対話することで個としての成長がはかれる機会である。それを保障する図書館という場には、閲覧するための机と椅子がたくさんそろっている必要がある。誰もが好きな本を手元におき気兼ねなく長時間いられる居場所としての図書館は青少年対策や高齢者福祉の観点からもきわめて重要なのである。

図書館は交流の場でもある。利用者から見るとカダールは図書館の一部でもあって、知人との待ち合わせやおしゃべりに使える自由な空間である。ポピュラー図書館では、図書館特有の分類法ではなく、書店のようにテーマ別に本が並べられ使いやすさの工夫が見られる。市民の誰もが気軽に利用できることを強調している。

このように青森にも大きくて快適な図書館ができ、日常的な資料に対するニーズにはきちんと応えている。しかしながら、私自身は図書館の役割として地域文化や地域経済の振興支援という課題があると考えているので、物足りなく感じたところもある。

明治以降、青森では地方文化の推進のために積極的に図書館を活用しようとした。おそらくは中央の文化から地理的に遠いために、意識的に文化活動の拠点づくりを行ったと考えられる。佐藤紅緑、太宰治、石坂洋次郎、寺山修司といったそうそうたる作家を輩出していることもあって、地域の文学の拠点として図書館員が積極的に資料を収集し、郷土文学雑誌の編集を行ったり、展示を行ったりした。また、旧藩の資料が藩主家から図書館に寄贈されたこともあり、全国の研究者がそうした古文書を利用するために来県する歴史研究の拠点になった。弘前、八戸、青森という三つの都市の図書館はそうしたところであった。

今回これらの図書館を訪問してみて、もちろん資料そのものはそのまま引き継がれていて利用可能なのだが、どうも隅に追いやられている感じがした。施設が立派になり、普通の本の閲覧貸出しを中心としたサービスが充実するにつれて、もともと保持していた地域文化活動との関係が希薄になっていることが気になった。

地方分権の時代においては地域的なアイデンティティをいかに明確にするかが大事である。図書館にはアイデンティティ確立のもとになる文化資源としての古文書、古地図、古典籍が大量に眠っている。また、新しく発生する資料は市民が日常の課題解決を行うための情報資源であるが、それらが将来的には地域アイデンティティの元になる。これらをただ眠らせないで、今生活している私たちのものとするために図書館がやるべきことはたくさんあるだろう。

第5章　図書館における情報通信技術の活用

1　図書館と情報通信技術

完成されたメディアとしての本

情報通信技術が社会に浸透することで、図書館が情報基盤としての役割をもつことが再認識されている。資料提供機関としての図書館は、資料が不定形のデジタル情報に変容していくにつれてそのまま電子図書館に進化すると考えられがちだがそうではない。本や雑誌などを集積し提供する機関としての図書館は、今後もこのまま続く。その一方、情報通信技術が導入されることで、そうした従来型の図書館はどこからでもアクセス可能なハイブリッド電子図書館として社会のインフラに位置づけられるのである(1)。

図書館の中心的な資料である本は、二〇〇〇年以上の歴史をかけて完成されてきた。近年、子どもたちの学力低下の対策として、読書の重要性が語られることが多くなっている。これは、本を読むことが思考能力を養うのにきわめて優れた働きをするからである。

本は軽くて手になじみやすく、すぐ開ける、複数ページを容易に参照できる、目にやさしいといった特徴をもつ。ポータビリティ、情報の圧縮性、使い手にとっての快適さ、インタラクティビティ、生産コストなどの点できわめてバランスがよい。そうした本の特性は、製紙、印刷、製本、編集などの歴史的に蓄積されたノウハウをもとに、近代的な技術と産業およびマーケティングが組み合わされてつくられてきた。

電子書籍は未完成

これは現在のデジタル技術では置き換えられない。音楽や映像を運ぶメディアはレコード、テープ、CD、DVDなどパッケージ系のものからデジタルネットワークへ変化しようとしているが、本はそうならないだろう。なぜなら、音楽や映像は機器を介さなければ視聴できないのに対して、本はそれ自体が機器であるからだ。つまりコンテンツと機器を切り離せないのである。

こう書くと、そんなことはない、携帯電話やゲーム機、PDA、専用の電子書籍端末を使用したネットワーク電子出版の市場は拡大しているという声が上がりそうだ。しかし私はそれらが出版市場の主流になることはないと見ている。多くの電子機器の画面は狭い。広くすれば重くなる。必要なページを開くことは面倒で、複数のページを同時に参照することはできない。

毎週大量に発行される週刊誌やマンガ雑誌、あるいは毎月多数出される文庫本や新書が安価で電子的に配信されるためにどのようなテクノロジーやインフラが必要かを考えてみると、紙メディアの優位性が理解できるだろう。紙資源の枯渇が問題になったり、電子ペーパー技術が完成して数百ページの本をそのままシミュレートできる機器が現れて大量に普及し、数百円でコンテンツが送れるようになったりすれば別だが、現状はほど遠い。要するに、本というメディアは技術的な完成度に引き替え生産コストが低いことが特徴で、これを上回ることは困難である。

2　情報通信テクノロジーの集積

図書館への情報通信テクノロジーの導入

このことを確認した上でなお、図書館は現代の情報通信テクノロジーが集約された場であることを検討したい。各種のメディアを複合的に収集、保存、提供するだけでなくそれに付加価値を与えて展開するのが、近年の図書館の役割とされるようになっている。利用者の利便性を追求してきた結果として、最先端のテクノロジーの導入がますます要求されている。ここ二〇年くらいのあいだに、図書館システムと呼ばれるものが進化を遂げて図書館の基幹的なテクノロジーになっただけでなく、扱う資料をデジタル化し、インターネットを通じて外部情報源を導入し、データベースソフトを開発し、各種の情報コンテンツの製作を行ってきた。

このような機能が要請される背景には、改めて図書館を情報コンテンツのオープンアクセスの場として評価する考え方がある。図書館は、本や雑誌といった文化商品を無料で市民に提供してきた。著作権法は著作者の権利を保護するための法律であり、資料を不特定多数の人に貸し出したり、資料の複写を提供したりすることは権利の侵害にあたる。だが、図書館では例外的にこの権利を制限することで貸出しや複写物の提供が認められている。それは、著作権法の目的が単に著作権者の権利を守るだけでなく、市民が著作物を利用して行う調査研究や学習のような「文化的所産の公正な利用」（著作権法第1条）にも配慮しているからである。

今、情報コンテンツは紙メディアだけではなくデジタルデータとして多様なパッケージメディアによって配布されたり、ネットワーク上のサーバーに置かれたりしている。本以外のメディアが日常的に使われるようになっている状況のなかで、それらを図書館が収集・保存・提供することはきわめて重要になっているのである。したがって、著作権法の範囲内で本や雑誌と同じように多様なメディアに自由にアクセスできるような仕組みをつくる試みが各地で展開されている。

3　図書館システムの進展

図書館システムとは何か

図書館の蔵書管理と貸出し管理を中心としたコンピュータシステムは、図書館システムと呼ばれている。こうしたシステムはここ二〇年で定着してきたものである。これが入る以前の図書館は、資料の整理プロセスとして、資料リストから資料を選定し、書店に発注し、入ってきた資料を原簿に登録し、標準的な規則に照らして目録を作成し、分類記号を中心としたラベルを貼付したうえで書架に並べる。また、資料の貸出しのために、利用者の貸出し登録を行って貸出しカードを発行し、利用者が借りたい資料のブックカードと貸出しカードを一緒にしてカウンターに備えられた貸出し管理ケースに並べる。というように、すべて手作業でやっていた。これらの一連のプロセスをトータルなデータベース管理シス

表5－1　図書館システムの概要

資料収集システム	資料管理システム	利用者管理システム
・選書	・所蔵管理	・利用者登録
・発注	・蔵書点検	・利用者検索
・受入・登録	・不明・紛失・除籍管理	・予約連絡管理
・予算管理	資料提供システム	・督促管理
書誌情報管理システム	・貸出し	資料検索システム
・目録管理	・返却	・館内 OPAC
・典拠管理	・予約・リクエスト	・インターネット OPAC
・件名管理	・相互貸借	

テムが処理する図書館システムが導入されて、九割以上の図書館で採用されるようになっている。

表5－1が基本的な図書館システムの構成である。図書館では資料管理のデータベースと利用者管理のデータベースのふたつを中心として、いくつかの付加的なデータベースによって、前記の機能が実現されていることがわかる。

システム導入以前と比べると図書館の業務はいくつかの点で大きく変化している。まず、図書館の中心的な業務であった整理業務の負荷が大幅に軽減されたことである。これを可能にするのは、ＭＡＲＣ（Machine Readable Catalog）と呼ばれる書誌情報データベースである。

従来は資料の目録や分類は図書館員が標準的な規則（『日本目録規則』『日本十進分類法』など）に基づいて個別に作成していた。一つの資料に対して同じ規則を適用すれば結果として同じ目録や分類になるはずであるが、それぞれの図書館で別々に作業せざるをえなかった。印刷カードを販売するとか本自体に書誌情報を印刷するＣＩＰ（Catalog in Publication）のような試みもあったが、日本ではあまり普及しなかった。

ＭＡＲＣは出版物の取次会社ないしそうした会社と提携した企業が

作成し、図書館システムに組み込まれて利用されている。出版物を全国の書店に配送するために出版社からまず取次会社に現物が入ってくる。これをいち早く入手して、標準的な書誌情報データベースをつくるわけである。だがＭＡＲＣの作成会社は単に出版物から著者名や書名、出版社名などを写し取って目録情報をつくっているだけではない。図書館目録には著者や書名の典拠コントロールや件名目録作成などの付加的な作業が行われてきた。典拠コントロールとはペンネームと本名、外国人名の表記の揺れ、同名異人、漢字の異体字、無著者名古典のタイトル表記など、同じものに複数の表現形があるときに一つのものに統一する手法である。また件名目録とは、タイトルで表現できない主題や分野名を付与するもので、必ず統一形を使用する。例えば、『トロンが拓くユビキタスの世界』という本に「コンピューター」「電子計算機」「電算機」ではなくて「コンピュータ」という統一件名を与えることである。このような複雑で高度な知的判断を要する作業がＭＡＲＣ作成企業にゆだねられたことで、図書館の整理業務はかなり簡略化された。

図書館システムの効用

貸出しや返却、利用者情報管理などもまた軽減された。複数の地域館や分館をもつ図書館でもネットワークで結ばれていることから資料管理や蔵書管理はリアルタイムで処理可能である。また、インターネット上にＯＰＡＣと呼ばれる蔵書検索システムをおいてどこからでも検索を可能にしたり、さらに利用者が自分の貸出し記録を見たり予約をかけたりできるようにしているところも少なくない。

このように図書館システムの導入とその技術的な進化によって便利になっていることは間違いない。

PCや携帯電話から予約ができるようになったり、資料の一点一点にICチップを埋め込むことで盗難防止装置を稼働させたり、蔵書管理が簡単になったりということがある。しかしながら、情報通信技術が図書館に導入されたことの意義はこのような従来型のサービスの効率化が果たされたことにあるだけではない。むしろ、そのためにより高度なサービスを展開することが可能になったことにある。複数図書館の目録情報を横断的に検索するサービスや資料の書誌情報（著者名や書名など）だけでなく、目次情報を利用して内容を知ることができるといったことである。これらは商用サービスとして利用に供されているものであるが、それぞれの図書館が自前のサービスを開発することも可能になっている。次にそれを見ておこう。

4　インターネットと情報発信

インターネットの利用環境

ここ一〇年で図書館にもインターネットが導入されている。方法として、(1)インターネット端末をおいて利用者に開放する、(2)ホームページを開設して広報や自館の情報発信を行う、(3)外部の商用データベースや商用コンテンツを導入する、などが一般的である。以下、この順で検討しておこう。

まずインターネット端末の開放であるが、これまで図書館は購入するなり寄贈を受けるなりで所蔵している資料を提供してきた。これに対してインターネットは設備さえ整えば誰でもアクセスできる外部情報源であるので、こういったアクセス手段を図書館に設置することについていくつかの議論すべき点があった。当初はインターネットへのアクセスが限られた人だけのものであったから、そうしたアクセス環境を図書館としてどのように提供するかが問題となった。図書館によっては電話やＩＳＤＮのような従量制の通信回線を使用せざるをえなかったこともあり、利用者に従量制料金の負担を要求すべきかどうかが話題となった。しかしながら固定料金制のブロードバンド回線の急速な普及により、ネット接続に課金している図書館は現時点ではほとんどなくなっている。

もう一つのアクセスの問題は、フィルタリングである。インターネット上の情報源には公立図書館としてアクセス提供をはばかられるものが多数あることから、対策としてフィルタリングソフトを導入することの是非が議論されてきた。けれどもフィルタリングの技術は未完成で不安定なものである。手法はいろいろあるが、どれを使っても逆に公立図書館として当然にアクセス可能にすべきものが排除される可能性があるために、慎重な導入を検討する声がある。インターネット端末は通常オープンスペースで利用されているので、わいせつ画像などを見づらい場合が多いが、他方、利用者の情報利用の秘密という観点からするとそれには問題があり、調整が難しいところである。この問題はまだ解決されておらず、フィルタリングを導入している図書館とそうでない図書館がある。

また、図書館がパソコンを備えるだけでなく、利用者がノートパソコンを持ち込んで接続できる環境をつくることも増えている。電源とインターネット接続のＬＡＮ端子ないし無線ＬＡＮの設備を備えた席を用意するものである。これは、近年のビジネス支援サービスや行政支援サービスの展開により、図書館における調査支援機能を高める動きと連動している(2)。インターネットでの調査を進めれば進めるほど、インターネット上にない情報へのニーズが高まるからで、それに応えるためにそうした設備を数十

表5－2　インターネットの図書館情報

広　報		利用案内、図書館報、行事案内など
機関情報		事業報告、統計類、事業計画など
図書館システム		蔵書目録、予約機能、借受状態確認、横断検索など
インタラクション		利用者からの問い合わせ、レファレンス・サービス、ブログ・公開掲示板など
情報コンテンツ	（商用コンテンツ）	（商用データベース、商用コンテンツ）
	独自コンテンツ	推薦書リスト、書誌・索引などの二次情報、レファレンスデータベース、古地図・古文献・古文書等の一次情報、様々な画像・音声・動画、自館編集コンテンツ、パスファインダー、リンク集など

席分備えた図書館も現れている。

情報発信

次に、図書館によるインターネットへの情報発信であるが、図書館がそもそも情報提供機関であったことから、単に地方自治体のホームページにおける情報発信とはレベルの異なる発信が行われている。それを象徴的に示すのは、自治体のトップページの目立つところに図書館ページへのリンクが置かれている例が多いことである。これは大学などの研究機関でも同様である。図書館は専門組織における情報機関として認知されつつあるのだ。

図書館のホームページには、その図書館のサービス概要や利用案内、行事の案内のような広報的な情報、あるいは事業報告や統計類のような機関内部情報の開示だけではなく、図書館独自で発信する情報コンテンツが置かれている。それは、表5－2にあるような情報である。

利用者とのインタラクションとして重要なのは、レファレンス質問を受け、提供する機能である。レファレンスとは資料や情報の内容に関わる相談ごとに図書館員が回答を提供するものである。図書館員は質問があった場合には、図書館で蓄積してきたレファレンスブックや各種の資料、商用のデータベース、そしてインターネット上の情報を駆使して調べ回答を出す。これまでにも手紙や電話によるレファレンスはあったわけだが、これがインターネットを経由するようになると格段に使い勝手がよくなってくる。すなわち、Webに直接書き込む方法とメールでやりとりする方法がある。

さらにサーチエンジンやポータルサイトがこれだけ使われるようになると、利用者は自分で調査したいと考えるようになる。インターネット上の情報はここ一〇数年間のものしかないわけだから、さらに蓄積がある図書館を利用する声が強くなる。ネットと図書館を使い分けるということである。[(3)] その際にレファレンスで使用するインターネットにないコンテンツに遠隔でアクセスできないかという声が強くなっていく。つまり、電子図書館的な機能である。その情報コンテンツとしては、商用のコンテンツと独自に作成するコンテンツがある。

コンテンツの提供

商用のコンテンツを提供する方法には三種類ある。一つ目は、レファレンス・サービスのために図書館員が利用するものであり、二つ目に図書館を訪れた利用者に館内で開放するものであり、三つ目にインターネット上で利用者がアクセスできるものである。これらは契約の仕方による。現在図書館が契約しているのは、図書館員が利用するものか館内での利用者開放のものがほとんどである。新聞記事やビジネス関係、法律関係、科学技術関係など多様なデータベースが提供されている。従来の資料が物品として購入され財産とされるのに対して、これらは使用契約を結ぶ必要があるので会計的に導入しにくいという声もあったが、現在は課題解決型の図書館にとって必須のツールとして導入が進んでいる。

日本ではインターネット上で利用できるものはきわめて少ないが、外国では第三のタイプのものがかなり普及している。例えば、新聞社の全文データベースと契約して同時アクセス数（例えば五）を設定した上で、登録した利用者（一般には住民および在勤・在学者）にIDとパスワードを発行して利用してもらうものである。このタイプのコンテンツには本や雑誌もあり、図書館が数千タイトルの本のコンテンツへのアクセス契約をしている例も少なくない。最初に書いたように、そうしたコンテンツを読むための機器は不完全ではあるが、調査や学習用にはそれですむ場合も多いから、日本でも今後こうした展開が期待される。

最後に、独自コンテンツであるが、これは多岐にわたる。これまで各図書館がレファレンス・サービスや読書相談などの日常業務で蓄積してきたノウハウとツールがあるからである。とくに、地域資料や郷土資料のようなサービス領域ではデータベース化されているものも多いし、その図書館にしかないコンテンツをデジタル化する試みも行われてきた。

例えば、新聞記事のデータベースである。全国紙の地方版や地域紙の場合、新聞社からデータベースが提供されていないことが多い。多くの図書館では地域に関する新聞記事の切り抜きを作成しているので、それをベースにして記事の見出しや記事の概要をデータベース化してインターネット公開しているところがある。また、近年、総合的学習などで地域を対象とした調査を行うために図書館にくる子どもたちは多いが、子どもが読める地域資料は意外に少ない。そこで、図書館が児童室に郷土資料コーナーを置いて集中化させたり、子ども向けの地域資料を編集して作成したりといった工夫をし、さらにそうした資料をインターネット公開する例がある。もちろん、古地図や古文書、古文献などの稀少な情報資源を解説付きで画像化したり、さらには民話や昔話などの生の語りを映像化したり音声化して発信する例もある。

このように、情報通信技術を通した創意と工夫によって、地域ベースの図書館活動をさらに広く展開することが可能なのである。

5　電子図書館の可能性

電子メディアが紙メディアにとって換わり、印刷物は消えて電子的な情報の流通と蓄積による情報基盤が出現するだろうという予測が、二〇世紀後半以降継続的に語られてきた。「メメックス」（ヴァニヴァー・ブッシュ）、「ザナドゥ」（テッド・ネルソン）、「ペーパーレス情報システム」（ランカスター）といったアイディアがあり、インターネットの普及以降はデジタルライブラリー技術の開発競争があってそれはすぐにでも実現するように見えた(4)。だが、学術の世界、それも自然科学系や技術系、医学系においてオンラインジャーナルが情報源の中心になったことを除くと、そうした状況は未だもって到来していない。

図書館の電子化を著しく進めてきたのが、マスデジタライゼーション・プロジェクトと呼ばれるものである。そのなかでもとくに強力に進められてきたグーグルブックスは、英米のいくつかの有力大学の蔵書を最終的には全部テキスト化しようというプロジェクトである。蔵書のスキャンニングとテキスト化を著作権者の許諾なしに進めて巨大なデータベースをつくり、検索を可能にするものである。検索でヒットしたものは、著作権に問題がないものは全部見せる。しかし、著作権があるものについては、一部だけを見せてあとは図書館目録にリンクして図書館で閲覧するか、オンライン書店の目録にリンクして購入することで、著作権をクリアしている。(5)

私にとってこのシステムの出現は、本のコンテンツに一気にアクセスできる可能性が開けたという意味で衝撃的であった。だが最近ではこれがたとえ成功しても、このビジネスモデルが、著作権の問題がある限り相変わらず身近なところにある図書館の存在に依拠しなければ成立しないものであるから、デジタル図書館に図書館蔵書が置き換わる未来を想定しているのではないと考えている。

世界最強とされるインターネットビジネス企業が図書館を取り上げていることから分かるように、資料を収集・保存・提供する営為は図書館という公共機関だけではなく、ビジネスの対象になり始めている。まだどちらかといえば学術図書館の世界での影響が大きいと考えられるが、公共図書館においてもこうした情報ビジネスとの関係をよく整理しておくことが必要である。

コラム5　ソウルから

二〇〇七年八月二〇日から韓国ソウルで開催された国際図書館連盟（ＩＦＬＡ）の世界大会に出席した。この会議の総合テーマ「図書館、知識情報社会のダイナミックなエンジン」のもとに、世界中から集まった図書館関係者三〇〇〇名ほどが、図書館政策、情報技術、新しいサービス、著作権など図書館に関わる様々なことがらを議論したものである。

韓国では、国が図書館に大きな力を入れている。盧武鉉大統領夫人が児童図書館サービスの熱心な推進者である。初日の開会式では前大統領の金大中氏が図書館振興の力強いスピーチを行った。そこで共通に目標になっているのは読書とＩＴである。

マルチメディア時代の今日、本離れは世界的な傾向になっている。だが、日本以上に受験競争が激しい韓国で今読書が注目されているというので意外な気がした。日本でも学力の基礎は国語力であって、国語力は小さい頃からの読書の積み重ねでつくられるという議論がある。『国家の品格』の著者で数学者の藤原正彦氏がその論客で有名である。韓国ではさらにそれが受験の際にきわめて重要な力となると言われ、親たちのあいだに子どもへの読書熱がたいへん高まっているのだ。

私の個人的意見でも、小論文が導入されたり論述式の問題が出たりする受験の場合には、どんな科目であっても答えるには国語力が半分以上をしめるのではないかと思われる。韓国では教育熱心な親たちに子どもが小さいうちに本を読む習慣をつけさせようというニーズが高く、その導入方法を手引きしたり、個別にアドバイスしたりする子ども読書推進アドバイザーの養成がかなりの規模で行われているそうだ。もちろん、図書館は読書振興の重要な拠点である。

韓国の基幹産業であるＩＴはもう一つの柱である。デジタル図書館の実現に大きな力を入れている。私は、デジタル図書館というのはインターネットを経由して本や音声、画像、動画などにアクセスする仕組みのことだと思っていたが、韓国にはデジタル図書館という名前の図書館が施設として存在しているので驚いた。

写真５－１　ソウル市の東大門区デジタル図書館（著者撮影）

見学したソウル市の東大門区デジタル図書館は、六月に開館したばかりの中規模の図書館である。写真はその閲覧室を示しているが、右側には書架が置かれ左側はインターネットに接続されたパソコン端末である。全館では六〇台以上のパソコンが自由に利用できるようになっている。窓側にはノートパソコンを持参した利用者がＬＡＮに接続できるようになっている。また、それと別にパソコンの利用方法が学べるように四〇台のパソコンが置かれた学習室があって週に三回の市民向けの講座が開かれている。

このようにインターネット上の情報やデータベースと図書館の本や雑誌、新聞の双方を利用できる図書館は日本でもハイブリッド図書館などと呼ばれる。韓国ではさらに、図書館に登録すると自宅からe-bookと呼ばれる電子本にアクセスしてパソコン上で読むことができるようになっている。この東大門区デジタル図書館にはそうしたe-bookが七五〇〇点収蔵されていて、一日に三〇〇回ほどのアクセスがあるそうだ。

読書とＩＴ、一見無関係のように見える二つの要素は日本の図書館にとっても課題である。どちらも自分でものごとを深く考えたり、考えるための材料を探し出したりするという、教育の最も根幹的なことに関わっている。これを情報リテラシーと呼ぶが、図書館はそのような意味で二一世紀の新しい教育観に対応した機関であるのだ。

第Ⅱ部　公立図書館論の展開

伊万里市民図書館（著者撮影）

第6章　公立図書館について考える
――ハコか、働きか――

1　書店のワクワク感

書店と図書館の違い

書店、それも一定規模以上の書店に入ると何かワクワクする感じをもつ人は少なくない。未知の新しい本と出会える期待感がそれをもたらすのであろう。しかし同じ期待をもって公立図書館（以下、図書館とする）を訪れても、そうした出会いはなかなか得られないことが多い。実際、自治体財政の逼迫が理由で資料購入費をかなりの程度減らされているために、蔵書の魅力が減じているとも言われる。だが蔵書の魅力とは何だろうか。

そもそも図書館に書店のワクワク感を期待するのは間違いであり、出版物のフローを担う場である書店と、ストックを担う場である図書館とは異なった存在であると考えられる。人は書店にて自分が最も欲しいものを手に入れるのであり、公共機関としての図書館には、市場原理がもたらす消費的な原理とはいったん距離を置いた文化的な目的に基づいて経営を行うことが要求されるはずであろう。そこには明確な文化的目的意識が必要になる。

図書館への期待

八束はじめ著『思想としての日本近代建築』（岩波書店）という本を読んでいたら、「あとがき」に、居住している東京都多摩地域の図書館職員への謝辞が書かれているのが目を引いた。著者が専門とする建築思想や建築史はともかく大量の思想書や文学書、歴史書を引用して本書を書くことができたのは、地元の図書館を通じて東京都立中央図書館から本を借りることができたからだというのである。

同様に図書館の役割に触れて何名かのジャーナリストが、都市生活はほとんどがアパート暮らしであるから自分で思うような蔵書をつくることは最初からあきらめなければならず、執筆は図書館に依存することが多い、したがって、図書館はベストセラーの複本を提供する方向よりも、提供する資料の範囲を拡げ、市民の書庫としての機能を果たすべきだと述べることが増えている。図書館が学術的な執筆活動やジャーナリズムの仕事を支えているということはあまり知られていないが事実である。そして、実は、そうした学者やジャーナリストだけではなく、一般の人々の知や情報に関わる日常の生活をも支えているのである。

日本の図書館は、一九七〇年代以降、教養主義、エリート主義と決別して大衆化路線を選択し、それは成功をみたと評価されることがある。しかしながら、本当のところは少し違っているのではないか。図書館はもともと知へのアクセスの場である。人々がどのような知にアクセスするのかは地域によって時代によってかなりの変化を見せる。知が自分で調達できるものなのかどうかも時代によって、地域によって変化する。図書館は、そうした状況を超えて公的なアクセスを保障する場としてつくられ発展してきた。つまり、図書館を支える原理は教養主義か大衆化路線かの二者択一ではなく、幅広くアクセスを保障することにあったし、現在もそうである。もしそれが難しくなっているとすれば、問題はその場をつくるための財政的な措置と政策的な命題のほうにあるのではないだろうか。

2　ハコものとしての公共施設

複合公共施設がもたらすもの

筆者が住んでいる市に「ふれあいプラザ」という名の複合施設ができた。それは合併特例債を利用して建設された、三六〇席の多目的ホール、大小四つある会議室・研修室、ジャグジー付きのフィットネスプール、軽運動室、視聴覚室、録音室、調理実習室、保育室、情報ラウンジ、展示コーナーといった設備が備えられた施設である。年末年始と週に一回の休館日以外の毎日、午前九時から夜の一〇時まで使用可能である。そこには何か目的をもって市民が活動を行おうとするとき必要なものは何でも揃っているといっても過言ではない。市民はこれをかなり安価な費用で借りることができるのだから便利であることは確かである。

戦前から存在する公会堂、戦後の公民館、市民会館、コミュニティセンターといった目的を特定化せず、市民に開かれた公共施設がさらに進化した姿であり、従来の社会教育、文化振興、社会体育など行政部門としてばらばらだったものに統合的に取り組んでいるといえる。しかしながら、これらは日本のハコもの行政の典型でもある。行政はハコをつくりそれを管理するだけで、中身は市民の自由な利用にゆだねるのが民主的な地方行政であるという考え方である。この施設もご多分に洩れず、管理は民間企業に委ねられている。確かにそれは規制緩和、行政改革の時代において合理的な考え方ではある。

個性的なニーズに対応できない

だが、行政が関与する範囲は施設管理のレベルでよいのであろうか。そうした疑問は、とくにこの施設のなかで「情報ラウンジ」に行ってみて強く感じさせられた。というのは、これが図書館のようで図書館になりきれない設備の典型だからである。七連ほどの書架に本が並び、閲覧席があるほかに、インターネットの端末が四台とタッチパネル式の当該自治体情報データベース端末が一台置いてあり、それらは自由に使えるようになっている。そこにある本は、だいたいが趣味や日常生活に関わる主題をあつかったものであり、市立図書館で廃棄になった本も置かれていた。だが、生活の志向性も趣味も多様化というよりも個性的になっている今日、ここにある数百冊の本で満足できる市民は少ないだろう。また、インターネットの利用が世帯ベースでも六割を超えたといわれるなかでわざわざここにきて利用する人も多くない。

市民一人ひとりが皆個性的であるように市民が必要とする「情報」はすべて個性的なものであり、集合的に対応しにくくなっている。この情報ラウンジは市民ニーズを最大公約数的に掬い取って対応しようとする公共施設のあり方を典型的に示している。そして図書館といっても、規模を大きくしたハコと資料だけの施設だとすれば同じ問題がつきまとっていることになる。

3　日本の行政における「館」

戦後の社会教育

戦後の教育改革の一環としての社会教育行政の展開において、占領軍（実質的にアメリカ軍）と文部省は異なった方針を進めようとした。文部省は他国にない公民館という施設を中心に社会教育を展開しようとした。それに対して、占領軍は図書館と博物館という施設を中心に展開しようとした。両者の違いはどこにあるのか。

戦前の社会教育は、地域における在郷軍人会、婦人団体、青少年団、産業団体等が国体観念と国民道徳を鼓吹する思想統制と社会教化の国民精神総動員運動に統合されていった。これに対し、戦後は新憲法と民主主義を旗印にした政治学習の場を基調としつつ、自主的な教育・学習・文化・スポーツ・レクリエーション活動の場として公民館がつくられた。戦後の成人学習は非統制と自主性が前提であるから、行政がつくったカリキュラムを前面に押し出すことはなかったが、文部省は公民館をゆるいカリキュラムをもつ総合的社会教育施設として地域に建設することを試みた。一九四九年の社会教育法には、公民館に、定期講座の開設、講習会などの会合の開催、図書、記録等の整備と利用、体育、レクリエーション等に関する集会の開催というように、地域生活で公共施設を利用したときに必要な様々な機能を持たせることが規定されている。先ほどのふれあいプラザの原型が公民館であることは明らかである。

「館」はハコではない

機能のなかに、図書、記録、模型、資料に関わるものが含まれているが、欧米の都市ではこれらは図書館、博物館、文書館など専門の機関が担当することになっている。日本でも占領軍の指導があって図書館法（一九五〇年）、博物館法（一九五一年）がつくられ、だいぶ後になって公文書館法（一九八七年）がつくられた。図書館司書、博物館学芸員などは戦後アメリカから導入された専門職的な職員であるが、日本の行政の体質の中に、施設は管理するだけのもので職員もできるだけ一般行政職員を配置することが望ましいという考え方があるために、うまくいってない。公民館が図書・資料類も含めて一括管理するという考え方はその例であるし、地域には民俗資料館や歴史資料館、文学館、科学館などの名前の施設が存在するが、これらの「館」の多くも行政が専門職員の配置を嫌ってつくった施設である。

4　「市民の図書館」の模索

新しいサービス理念

図書館が本を借りる場であるというのはここ三〇年で一般に定着した考え方であり、それ以前の図書館は資料閲覧を中心とする施設であった。一九五〇年図書館法は、無料・公開の近代的な図書館を法的に認知したが、これによって特別に図書館設置が進んだわけではない。この当時の図書館は地方の中核的な都市に一館だけ設置される程度の存在であった。設置される場所は都市の繁華街よりやや離れた閑静な一画で、城跡だったり公園だったりすることが多かった。そういう場所に、教養書や郷土資料を蓄積した書庫と閲覧席からなる図書館があったわけだが、利用は閉架式なので市民の目には魅力的な場には映らず、多くは閲覧席を使うために来館する学生や受験生というのが利用者の平均像であった。これに対して利用されてこそ図書館であるとして、図書館改革に乗り出したのは日本図書館協会に集まった図書館員であった。一九五〇年代末から六〇年代にかけて検討され、一部の図書館での実践を経て定式化された運営方法は、一九七〇年に『市民の図書館』という小冊子にまとめられて同協会から刊行された。

この本を出発点にして一九七〇年代から八〇年代にかけて確立した図書館サービスの考え方は、簡単に言えば次のようになる。図書館には都道府県立図書館や大都市の中央図書館のような大図書館と、それ以外の中小規模の図書館に分けられる。数で言えば圧倒的に多い中小規模の図書館は、サービスの中心に貸出しを置いてできるだけたくさんの市民が自宅や職場で資料を利用してもらうことを最大の目的とする。そして大図書館はそうした活動をバックアップする役割を果たし、中小図書館では実現できない専門的な資料の提供やレファレンス・サービスの提供を行う。中小規模の図書館を第一線図書館と呼び、都道府県立図書館や大都市の中央図書館を第二線図書館と呼んで区別した。このように、住民の身近なところに貸出しを中心とする機能を最優先した図書館を置いて普及をはかろうというものであった。この時期に新しくできた図書館はおしなべて、明るく開放的な建物、中心に置かれた貸出しカウンター、全面開架書架、勉強に使われないように用途を制限した閲覧席、児童サービスの充実、移動図書館による地域へのきめ細かい資料提供などの点に特徴をもっている。

貸出図書館の意味

この現象についていくつかの解釈が可能であるが、この時期になって日本でもようやく地域図書館が市民の日常生活において一般的なものになったことは確かである。図書館員たちが目指した「市民の図書館」の「市民」とは○○市の住民というより、理念的には戦後啓蒙主義を色濃く反映した「自立して判断ができる個人」である。しかしながら、高度経済成長期の完成年と言われる大阪万博の年にこれが発表されたということは、まさにこのころになってようやく、自治体に対して自ら読みたいものを要求してそれが受け入れられる土壌がつくられたと考えられる。自治体財政の拡大によって、この時期になって道路、橋、港湾、住宅、学校等の基盤整備からこのような生活に密着したような行政の分野にも着手することができるようになった。また、急激に都市化が進み、そこで生ずる種々の問題を解決する手段を自治体行政に対して直接要求するような住民運動が各地で盛んになり、そのなかで図書館設置要求運動もまた盛んになったことが挙げられる。図書館は住民からみて日常生活に必要な施設としての認知を受けたのである。

高度成長期は、同時に消費社会の完成期でもあった。国民一人あたりの所得が増えることによって可処分所得が増え、持ち家、家電製品、自家用車などの基盤的な財の獲得とともに大量消費経済的な動向が拡大した。その特徴は消費社会論でいうところの儀礼的消費にある。生活の必需品ではないファッション、レジャー、趣味などに関わる消費がそれである。当人の社会的ステータスを確認し、場合によっては誇示するための消費財の購入は、一定の経済的な達成を得た社会に一般的に見られるものである。そしてその意味では儀礼的消費に典型的に依存している出版産業も、「角川商法」と呼ばれたメディアミックスのマーケティングに顕著に見られるように一九七〇年代前半頃から隆盛期を迎えた。同産業はここ三〇年間で市場規模は五倍以上に拡大した。

この消費主義的な出版動向は図書館の発展と密接に関わる。かつての蔵書は書庫に保存されていて利用するには手続きが必要であった。書斎あるいは勉強部屋としての図書館像は、教養主義的な読書観と関わっていた。書物は先人の教えをまとめたものでありその思想を継受すべく敬いながら読むというのが日本的な読書法であり、それは形を変えつつも一九六〇年代までの出版および図書館において支配的な考え方であった。図書館はそうした書物そのものがもつ価値を伝える公共機関であった。しかしながら、貸出しを全面に押し出す新しい図書館運動は、市民の書物に対する意識が教養的なものから消費的なものへと変わったことに即応したともいえる。教養主義の担い手は社会の一部の階層であり、それを中心とする限り図書館員はその階層が定めた価値を媒介する役割しか果たさない。しかし、消費主義は普通の市民が担い手であり、そのニーズを受け止めて形成される市場での消費と同様に、図書館でも出版物の消費ニーズを受け止めてその要求通り資料を提供する方針に容易に結びついたのである。

この時期に図書館の数は一九六九年の八六〇館から二〇〇四年の二八二〇館へと三倍に増加し、年間資料貸出し数は一五〇〇万点から六億点へと四〇倍になった。現在では国民一人あたり平均五点の資料を借りていることになる（図6-1）。国際的に見ても、これは北欧およびアングロサクソン系諸国に次ぐレベルであり決して低いとは言えないものになった。

図6－1　公立図書館の発展

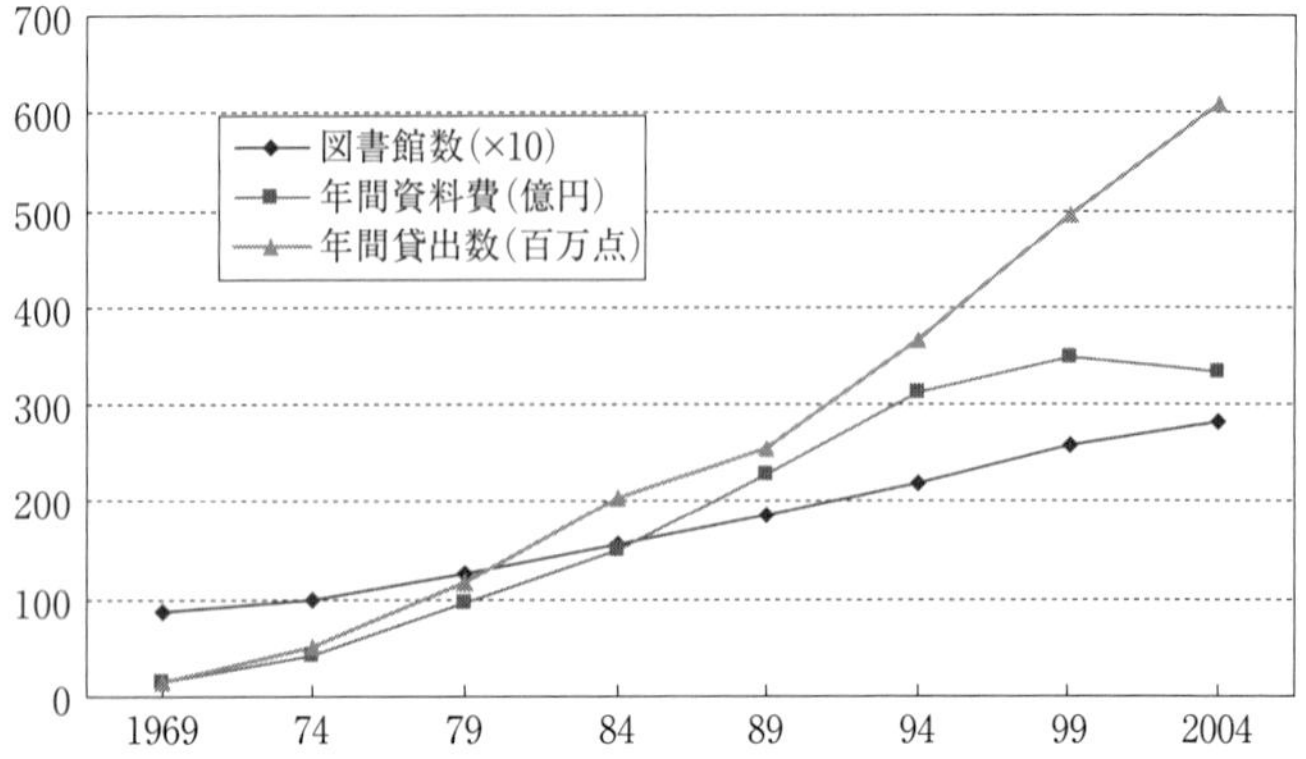

5　ベストセラー問題のゆくえ

貸出しは増えたが

図6－1をよく見ると、一九七〇年代以降、資料費および年間貸出し点数ともに著しい伸びを示していたが、ここ一〇年間においては資料費が横ばいから減少の傾向にあることに気づく。一方で貸出しは相変わらず著しい伸びを示しているから、これは、比較的単価の低い資料がよく利用されていることを意味している。この時期に出版産業も縮退の傾向を示しているから、市民は本を買うよりも借りる傾向を強めたことは間違いない。これが、図書館のベストセラー複本提供によって作家の著作権が侵害されるのではないかと指摘された問題の背景である。

資料を選び、蔵書をつくる行為は図書館員の専門性の中心にあるものだった。その考え方も一九六〇年代までは教養主義が支配的だったが、七〇年代以降はそれが利用者の要求に直接こたえるものに変わった。もっとも資料費そのものが増えたので、全体にみれば従来の教養主義的な資料に加えて利用者が直接要求する資料が提供されるというかたちになった。

さらに、予約制度が導入されたことが消費主義を助長した。予約とは、図書館になかった資料が入ってきたときに取り置いてもらい連絡をしてもらうサービスであるが、図書館にとっては資料購入を検討する際の手がかりともなるものである。図書館の資料収集はそれぞれの資料的価値と利用予測を組み合わせて行うものであったが、予約はそのうち利用者の直接的需要を反映して行うものである。とくに出版産業のマーケティング戦略はベストセラーを目指すものであるから、特定の書籍の複本購入へと結びついた。一方、これを著作者や出版社からみれば、公共セクターのサービスでもベストセラーやミステリー系の作家の人気のある本の複本を多く提供することによって、作家や出版社、書店のような民間セクターに対して経済的な影響を与えることになるので好ましくないという議論になった。

公共貸与権の議論

この議論は、公共貸与権（public lending right）導入の是非を検討するために現在文化庁文化審議会で検討中である。公共貸与権はヨーロッパを中心に世界で二〇カ国程度の国が導入している制度で、図書館で借り出された資料の量に対応して政府が著作者に資金を還元する仕組みである。国によって全額を著作者に資金配分する国と、一部は出版文化振興のための補助金に回したり著作者の年金の基金に回したりする国とがある。日本でも図書館の活動が活発になってようやくこのような議論が始まったということができる。

だがその議論の初期に強い意見を主張した一部の著作者は、この資金の性格を著作権侵害の補償金と考え、侵害する側に立つ図書館ないしそれを運営する地方自治体が負担することを主張した。だがこれはこの制度の本質からするとずれた考え方であることは明らかであろう。これらを導入している国の基本的な考え方は、出版文化を支える公的領域の担い手としての図書館の役割を制度的に認めた上で、運営に支障がないように政府が資金を負担するものとなっているからである。著作者と図書館は利害が背反する存在ではなくて、双方が補い合って出版文化を支える役割を果たしているとの合意があって初めてこの制度の導入が行われている。その点を確認しない限りこの問題は先に進まないであろう。

6　図書館の現在

サービスの完成

日本ではもともと図書館を資料や閲覧席を提供する「ハコ」と見る傾向は強かったが、一九七〇年代に貸出しを中心としたサービスポリシーが確立してからは、そこに貸出しサービスを媒介する職員の働きがクローズアップされた。利用者が資料を利用するときの読書相談業務や子どもたちに対する読み聞かせ、ストーリーテリング、ブックトークといった働きかけ、視覚障害者に対する録音資料の提供や点訳サービスの提供、多言語多文化サービスと呼ばれる在日外国人に対する外国語資料の提供などは、しっかりした人的対応が要求されるサービスである。けれども多くの図書館は児童サービスには力を入れたが、それ以外は実施したとしても片手間の仕事になりがちであった。というのは、『市民の図書館』

には、(1)貸出し重視、(2)児童サービス、(3)全域サービスの展開しか明記されていなかったからである。全域サービスは、市民が身近なところで貸出しを受けられるように地域館や移動図書館等のサービス拠点を増やすことであるから、結局のところ貸出しサービスを自治体の全域で展開することと児童サービスを実施することに重点が置かれた。

こうして図書館サービスが貸出しを中心に定型化されていくことになった。一九八〇年代後半の経済バブルの時期には、大型施設が続々とつくられた。蔵書数が二〇万冊を超え、ゆったりとした閲覧スペースを設けたり、ビデオやCDを視聴できるスペースを設けたりして快適な利用環境に配慮しているところも増えた。バブル崩壊以降そのペースはやや鈍ったとはいえ、図書館建設は続いている。それに応じて、日曜開館、祝日開館はかなり一般的になり、夜間開館を実施している図書館も増えている。

図書館は、日常的な資料情報の利用要求に応えることができる機関として、市民が要求する公共施設のなかでは常に最上位に位置づけられるようになった。近年では地方都市の中心部の再開発において、図書館を市民の利用が見込める施設として積極的に位置づける機会も増えている。先に見たように、資料費総額が減少しても図書館の設置そのものは増加しているのは、図書館の役割が貸出しを中心とした資料提供から施設そのものの利用を含めて多角化していることを意味しているのであろう。

職員問題の現在

そのような図書館経営の新しい状況における最大の問題は職員問題である。通常、新しくできる図書館には専門職員として司書が配置される。かつて国の建設補助金を受ける条件として館長が司書資格をもつ必要があったこともあり、司書館長も少なくなかった。けれども現在では、職員採用の際に恒常的に資格専門職として司書を位置づけているところは、都道府県立図書館や政令指定都市図書館を除くときわめて少ない。いったん司書を採用したところも、運営が軌道に乗ったあとは専門職の配置を避ける傾向がある。貸出し業務を前面においたサービス体制であればとくに専門知識なくサービスが可能であると考えられているのだろう。現在、年間一万二〇〇〇人程度の新規の司書養成が行われていると言われるが、そのなかで実際に自治体の図書館に司書として採用される人はせいぜい数十人である。

二〇〇三年の地方自治法の改正で、公の施設の管理を公共団体から議会の議決を経て民間事業者を含む幅広い団体（指定管理者）に代行させられるようになったことが、この状況をさらに亢進させようとしている。従来、図書館はどのような資料を収集して蔵書とするか、また資料を誰にどのような方法で提供するか、といった場面で重要な価値判断を必要とするし、レファレンス・サービスのようなきわめて専門的な知識や技能を要する業務を含むことから、業務委託を行う場合でも部分的な委託にとどめられていた。

法改正により、このような業務も含めて議会の決議を経ることで全面的に管理運営を委譲することが可能になった。確かに貸出し業務がサービスの中心であれば、この措置によって効率的な図書館経営ができるかもしれない。つまり、ハコもの管理の延長線上にあるような業務である。しかしながら、何度も強調するように、図書館業務は市民の情報ニーズを評価し、それに応えて情報資源を収集し管理提供する、優れて専門的な職務によって構成される。ハコではなく中身の良し悪しが問われるのである。地域で発生する資料を積極的に収集することは職員の片手間仕事では不可能である。ましてそれをもとにデータベースを構築したり、全国から寄せられるレファレンス質問に答えたりといった職務は、司書としての一定のキャリアと当該地域についての専門知識と経験が要求される。

図書館員の職務は、従来、商業出版物の貸出しを中心に設定されていたのに対して、今は地域で発生するものから外国のものまで広がりをみせ、またインターネットの普及にともないデジタルメディアを対象にするなどきわめて多様化している。また、単に要求された資料を提供するだけでなく、資料を探索し特定化すること、場合によっては資料を作ることも含めて情報探索、情報発信の仕事を伴うようになっている。このように情報専門職としての様相を強くしていることを考慮すると、指定管理者への業務移行が望ましいとは言えない状況である。

7　最高裁判決が意味するもの

資料提供にかかわる判決

この原稿を書いている最中に、図書館の蔵書提供をめぐって最高裁の判決がでた。首都圏の公立図書館職員が特定の傾向の資料を独断で自館の蔵書から取り除いた行為に対して、市と同司書に対して著作者らが損害賠償訴訟を起こしたものである。判決の趣旨は、おのずから図書館の役割を公的制度として認知する内容になっている。判例の中心的な部分を引用すれば次のようになる（平成一七年七月一四日、最高裁判所第一小法廷判決）。

公立図書館が、上記のとおり、住民に図書館資料を提供するための公的な場であるということは、そこで閲覧に供された図書の著作者にとって、その思想、意見等を公衆に伝達する公的な場でもあるということができる。したがって、公立図書館の図書館職員が閲覧に供されている図書を著作者の思想や信条を理由とするなど不公正な取扱いによって廃棄することは、当該著作者が著作物によってその思想、意見等を公衆に伝達する利益を不当に損なうものといわなければならない。そして、著作者の思想の自由、表現の自由が憲法により保障された基本的人権であることにもかんがみると、公立図書館において、その著作物が閲覧に供されている著作者が有する上記利益は、法的保護に値する人格的利益であると解するのが相当であり、公立図書館の図書館職員である公務員が、図書の廃棄について、基本的な職務上の義務に反し、著作者又は著作物に対する独断的な評価や個人的な好みによって不公正な取扱いをしたときは、当該図書の著作者の上記人格的利益を侵害するものとして国家賠償法上違法となるというべきである。

言論出版の自由と図書館

ここでは、最高裁判例として、言論出版の自由という最も基本的な人権を保障するための制度的なシステムの一環に公立図書館が位置づけられたことに意義がある。ともすると、図書館の蔵書は司書の判断で勝手に選んだり廃棄したりできるように思われがちであるが、そこには判例で指摘されているような責任がともなっている。図書館が社会教育機関に位置づけられているのは、蔵書に含まれる個々の資料が市民に思想的な影響を与えるからではない。そうではなく、市民の資料や情報への要求がかなえられ、市民が主体的に知るという行為を保証する場であることが結果的に教育的な機能と見なされているにほかならない。この判旨は図書館のもつ公共性とそこにともなう責任を同時に指摘したものであり興味深い。

図書館が言論出版の自由を支える機関であるという制度的位置づけが認められたことにより、ハコもの扱いで済ませることはできなくなったといえよう。

コラム6　豊田市図書館と名護市立図書館

習い性となって、どこかに出かけたら地元の図書館を見学することにしている。

もう数年前のことになるが岐阜に用事があったので、ついでに愛知県豊田市にできたばかりの中央図書館に立ち寄ってみた。この図書館は名鉄豊田市駅の前にあってすこぶる便利がいい。駅前再開発の一環でできた複合ビルの三階から八階までを図書館が占めている。いわば再開発の目玉として設置されたものである。

この図書館の大きさには度胆を抜かれた。床面積は一万二〇〇〇平米あるそうで、これは平均的な県立図書館の面積の二倍くらいに相当する。ただ大きいだけではない。ゆったりと座って資料を眺めることができるソファーや全館で八〇〇席用意されているという机と椅子などの空間配置はよく考えられている。コレクションは目配りがよく効いた選び方がされている。六〇万冊ある資料を検索するためのコンピュータ目録は館内にたくさん配置されている。

何よりもすごいと思ったのは、年間の資料費が他の同規模の図書館の二倍にあたる一億四〇〇〇万円も確保されているということである。図書館の生命線は資料の充実にある。どれだけ新鮮な資料が補強されるかは予算額で決まってしまう。ここ数年の自治体の財政難でどの図書館も資料費を二割から三割も減らしているから、ほとんど同じ額を毎年つけているこの図書館は驚異である。

むろんこれはグローバルな展開で経営順調の優良企業トヨタ自動車の企業城下町豊田だから可能なことであろう。だからこそであるが、戦後の図書館発展の極北がここに実現されているように思われた。

図書館は今住民が最も支持している公共施設の一つである。その秘密は、ずばり知的雰囲気と私的空間の組み合わせで、きわめて都市的なアメニティが実現していることである。生涯学習が言われて久しいが、子どもからお年寄りまで自分のペースで好きな資料をその場で読んだり自宅に借りだしたりすることのできる図書館はその中心にある。

豊田市に行ってから、二カ月後のその年の年末に家族連れで沖縄旅行を楽しんだ。シーズンオフで泳げるような気候ではなかったが、本土にはない真っ白で微細な粒子からなる砂浜で、子どもたちと見たこともないような貝を拾って楽しむことができた。

妻が子どもたちをパイナップルランドで遊ばせているうちに、名護市の図書館を訪れた。名護というのは沖縄本島北部の中心都市で、近くには昔の海洋博の会場が記念公園として残されている。

ここの図書館は沖縄の伝統的な赤い瓦屋根の建物である。基本的な機能は内地の図書館と変わるところはなかったが、おもしろかったのは、沖縄の地域資料の収集にたいへん力を入れていることである。図書館全体の書架と閲覧席のなかで、地域資料のセクションが占める割合は三分の一ほどにもなっていた。嘉手納飛行場の移転を争点とした市長選で現職が当選して、その引き受けが決定した後のことであったが、この飛行場移転問題の資料については、賛成反対を問わずすべて集める方針にしているという説明が記憶に残った。図書館はこのように政治的な中立性を前提にサービスを展開している。

もともと沖縄は日本ではない。その文化的なアイデンティティは観光が中心的な産業になって本土との人の行き来が激しく、またメディアがこれだけ発達している現在、意識的に保持しないと急速に失われてしまいかねない。沖縄には出版社が非常に多く、地域出版が盛んである。また、沖縄戦の記憶を保持し、民俗芸能を記録し、また琉球語を保存しようという運動もある。こうした地域文化を後世に残すための活動の拠点として図書館が機能しているのである。

短期間に見学した二つの図書館はまったく対照的であったが、いずれもそれぞれの地域において必要不可欠な機能を果たしていることを感じ取ることができた。

第7章　貸出しサービス論批判
——一九七〇年代以降の公立図書館をどう評価するか——

1　議論の前提

図書館サービスへの評価

本章では日本図書館研究会の機関誌『図書館界』編集委員会から求められた、(1)『市民の図書館』（一九七〇年）の歴史的評価、(2)貸出し中心のサービスへの考え、(3)資料購入のあり方、の三点について、拙書『情報基盤としての図書館』『続・情報基盤としての図書館』で論じたことを元にしてさらに展開したい(1)。前著で述べた私の考え方を一言で言えば、次のようになる。

(1)についてであるが、『市民の図書館』は図書館サービスが行われていない都市地域において最初のサービスを行うときのノウハウをまとめたものであり、その限りではきわめて有効であった。だが、サービス開拓期当初の方法について述べたにすぎず、いったん軌道に乗ったあとどうするかについては述べていない。それにもかかわらず結果的には、過去三五年のあいだ図書館サービスのモデルとして君臨し続けた。

(2)については、『市民の図書館』で提案されたモデルが現在も同じように有効であるという考え方に問題がある。貸出しは図書館サービスの基本ではあるが、あくまでもサービスの一部にすぎない。一九八〇年代以降も、予約や読書案内まで含めて貸出しサービスが図書館サービスの中心であると主張することにより、他のサービス発展の可能性を阻害する結果をもたらした。貸出しを中心とするサービス論は、図書館員の専門性がどこにあるのかの説明を難しくし、行政に対しても市民に対しても図書館サービスの本質が何であるかの理解を妨げる原因となった[2]。

(3)市民の資料要求に対して価値判断を行わず、要求に合わせて資料を提供するのが図書館の使命であるという従来の「要求論」は、高度成長期以降の社会の消費主義と軌を一にするものであった。無料貸本屋でよいのだという主張もあるが、これは著作権法の改正で出版物の貸与権が認められたので、非営利無料の図書館と貸本屋（レンタル業者）の区別は明確になされるべきである。図書館コレクションのあり方は消費主義と一線を画した公共性の原則を図書館側が組み立てた上で決定すべきである[3]。

本章のねらい

『市民の図書館』の主張をもとにする貸出しサービス論は、日本図書館協会（以下、日図協）、日本図書館研究会（日図研）、図書館問題研究会（図問研）の三つの団体によって支えられながら、現在に至るまで公立図書館サービスを支える支配的なパラダイムとなっている。本章ではそうなるに至った過程を検討し、それが何ら必然的なものではなく、意図的に選択されたものであったことを示す。その際に、貸出し図書館論を支えるいくつかの論理をまず検討し、ついで、その背景にある市民社会像を検討する。

2　なぜ貸出しサービスが支配的になっているのか

日図協の図書館政策

先に述べたように『市民の図書館』は、図書館サービスの最初の方法を指南するものであった。同書に「公共図書館の基本的機能は、貸出しとレファレンスという方法であらわれる」とあり、それぞれの機能についての適切な記述が行われている。しかしながら、同書はその後で市民に親しまれる図書館にするために、貸出し、児童サービス、全域サービス網の三点を「当面の最重点課題としよう」となっている(4)。つまり、貸出し以下の三つのポイントは、二つの基本的機能のうちの一つを戦略的に課題としたものなのである。

それでは、この政策づくりにあたった人々はもう一つの基本的機能であるレファレンスを実現するための手引きを用意したのかというと、これはノーである。一九七六年に同書の増補版が刊行された。しかしこれは一九七〇年版と同じ本文に「その後の発展、ほか」という文章を加えただけのもので、最初の方針を確認しているにとどまっている。

それから一〇年以上過ぎた一九八九年に、日本図書館協会図書館政策特別委員会が「公立図書館の任務と目標」という文書を公表した(5)。この委員会は日図協常務理事の塩見昇が委員長を務め、関西地区の公立図書館職員を中心とする委員会であった。このなかでは、『市民の図書館』と同様に図書館サービスの基本は貸出しとレファレンスであることを確認した後に、「貸出しとレファレンス・サービスは不可分のものであり、レファレンス・サービスに力を入れるあまり、貸出しを軽視してはならない。」という一文を入れており、これによってレファレンス・サービスの位置づけは曖昧にされている。結局、貸出しサービスを政策化するものとして機能したのである。

一九八〇年代に、児童サービス、予約、相互貸借、読書案内などを含んだ広義の「貸出し」の考え方が「理論化」された。それは一冊の本にまとめられるようなものではなく、前記三団体の機関誌や研修会等を通じて形成され、拡がっていった。[6] この「理論」は、一貫して図書館サービス論の中心であり、それは一度もゆらがなかった。これに対抗する体系だった「理論」は一九七〇年代から九〇年代にいたるまで一度も試みられたことはない。

方針転換のきざし

私が見るところ、二〇〇〇年になって発表された日図協町村特別委員会の報告書「21世紀の町村図書館振興をめざす政策提言Lプラン21――図書館による町村ルネサンス」（糸賀雅児委員長）が初めて現れた異なった考え方に基づく体系的な政策文書である。[7] 貸出以外の総合的なサービスに言及しているだけでなく、『市民の図書館』が図書館と利用者の関係を中心に分析していたのに対して、本書は、行政を含め地域社会の全体に図書館を位置づけようとしている。町村図書館といっているが、作成の意図は市立図書館も対象としていることは明らかである。

もう一つの基本機能であるレファレンス・サービスの解説については、司書課程の参考調査論や情報サービス論の教科書が多数出ているが、それらが日本の公立図書館の状況を前提としていないところに問題があった。その意味で、市町村立図書館のレファレンス・サービスについて書かれた指南書として『まちの図書館で調べる』が最初のもので、二〇〇二年のことである。また、レファレンス・サービスと密接な関わりをもつ地域（郷土）資料サービスをきちんと図書館サービスに位置づけようとした『地域資料入門』は一九九九年の出版である。(8)

なぜこんなに遅れたのか。現在においても、レファレンス・サービスを貸出しカウンターと切り離して独立して実施することのできる施設、資料、職員の体制をもっている市町村の図書館はかなり限定されている。これにはいくつかの理由が指摘されている。一九八〇年代末に、バブル崩壊があって自治体の財政緊縮により新しいサービスを実施することができなくなった、あるいは、自治体の人事政策において専門職より一般行政職を優先する傾向がますます強まった、貸出し数などの定量化しやすい指標で図書館を評価する傾向が強まった、といったところがよく言われる理由づけである。

だがこれはどう見ても後づけの説明である。いずれもいわゆる自治体行政改革の動きのなかで、おしなべて効率的な経営が求められるときに貸出しサービスであればその要請にこたえられるというところに安易に妥協した結果を正当化したにすぎない。すでに一九八〇年代の時点で、市町村立図書館の世界には貸出しサービスの論理が確立され、それ以外のサービスを導入する考え方は後回しにされた。バブル期およびまだその名残のあった一九九〇年度前半までそれが続いたということであろう。私はここに『市民の図書館』の成功体験の呪縛を見る。

「理論」の担い手たち

「理論」の担い手たちが果たした役割は次のとおりである。日本図書館協会は、有山崧が事務局長を務めていた一九五〇年代の終わりから六〇年初頭にかけて、『中小都市における公共図書館の運営』（以下「中小レポート」とする）にまとめられた公立図書館政策をつくった。そして、一九六八年からは『市民の図書館』に結実する公共図書館振興プロジェクトを立ち上げた。その後は大きな動きを見せず、そこで確立したと見なされる方針を全面的に政策化する方法をとった。先にみた「任務と目標」がそれである。また浪江虔が中心となっていた図書館調査委員会は、図書館統計を分析する過程で公立図書館の住民一人あたりの貸出し数を基準に人口別に比較するという手法をとった。これはその後自治体間で、貸出し数を競争的に増加させようとする動きに拍車をかけた。

一九六〇年代の「中小レポート」の執筆者の中心は委員長の清水正三をはじめとして関東の図書館員たちであり、彼らは図問研を中心に活動していく。彼らはあくまでも実務志向であり、機関誌の『みんなの図書館』もあくまでも実践報告を集めたものである。また、この団体は一定の政治的立場を背景にもっていたので、政策はその前提から出発した。その点で図書館独自の「理論」に収斂させにくいところがあった。一九七〇年代末から八〇年代初頭にかけて、「予約」サービスを拡大解釈して、リクエストや相互貸借も含めたものとする方針は図問研が積極的に進めたものであったが、一九九〇年代以降はあまり明確な主張は見られなくなる。

それに対して、『市民の図書館』の実質的執筆者である前川恒雄が一九八〇年代初頭に滋賀県立図書館長になって以来、関西の公立図書館関係者との関係が密になった。こうして、貸出しサービス論は関西を中心とする日図研がそもそももっていた図書館現場の実践を理論化して共有するという伝統に組み込まれていく。このようにして、日図研が貸出しサービス論の中心的な伝道の場となっていく。

前川が数冊の図書や講演集、そして『著作集』にまとめた考え方を教え広め、さらには拡張するための「理論化」の仕事は、その後、日本図書館研究会のメンバーを中心に行われた。それは、伊藤昭治と山本昭和を中心として編まれた三冊の本であり、また『図書館界』の五〇号ごとの特集に掲載された論文のなかでとくに公立図書館の貸出しを扱ったものである。また、二〇〇一年の前川の古希記念論文集および二〇〇四年の伊藤の古希記念論文集も同様の意図で編集されている。[9][10][11][12]

以上、見てきたように、貸出しサービスは最初のステップであったにも関わらず、予想以上に成功を収めたことからこの方針でいくことが暗黙の前提となり、一人歩きするようになったと言える。日図協、図問研、日図研によってそれが政策化、理論化されるが、その間は他にそれに代わる方針も提示されなかったので、新しくできる図書館はとりあえずこの貸出しサービスを基本的な方針として採用したわけである。それは公立図書館サービスに関する唯一無二の「理論」となり、それを肯定しようが否定しようがそれが前提となって日本の図書館が運営されるようになっているのである。

3　貸出しサービス論の構築過程

アメリカの影響

それではそうした「理論」の中核がどのようにしてつくられたのかを検討してみたい。その際に、公立図書館のサービス理論を導き出す淵源として、一九六〇年代に日本図書館協会が文部省の補助金を受けて派遣した海外調査ないし視察が重要な役割を果たしたことに注目してみたい。

日本の図書館は、戦後の占領期にアメリカ図書館学の強い影響を受けた。ＣＩＥインフォメーションセンターの様々な文化活動や、一部の図書館で熱心に取り組まれたレファレンス・サービスはその後アメリカ的な図書館サービスとして記憶されていった。しかしながら、それらが座席の提供と図書の閲覧サービスを中心とする当時の図書館にそのまま受け入れられるはずもなく、一九五〇年代には読書推進運動や社会教育的な団体活動へのサポートという日本的な方法の模索が試みられた。

「中小レポート」の主張は、それらの活動がいずれも本来の図書を提供するサービスに必ずしも結びつかないとのとらえ方から、「資料提供」を前面に押し出したものである。集団的な活動や読書推進、集会文化活動、レファレンス・サービスなどは資料の閲覧や貸出しによる提供サービスの手段であったり、その延長上にあったりするものとの考え方がよみとれる。そこから『市民の図書館』における貸出し中心のサービス論に行くまでに、日野市立図書館のサービス実践があり、東京の多摩地域の図書館が続き、それが全国に拡がったことはすでに神話化されて語られているといってよい(13)。

前川によるイギリスのサービス思想の導入

私はこのサービス実践を可能にしたものが、一九六三年から六四年にかけての前川のイギリス滞在にあるのではないかという仮説をもっている。つまり彼がイギリスの公立図書館をつぶさに見てきて、日本の図書館開発に使えそうなものが何であるかをそこから学び、選択的に紹介したと考えてみるのである。

一九六四年の『図書館雑誌』に、彼の著作集にも全部は入れられていない文章「英国に学ぶ」が断続的に掲載されている[14]。これを読むと彼は最初から、イギリスの図書館の貸出し部門を中心に見ており、それ以外にはほとんど触れていないことが分かる。貸出し方法や資料費の重要性、分館網などが述べられ、レファレンス部門や郷土資料部門にはほとんど触れられていない。

すでに何度も述べたことであるが、一九八〇年代までのイギリスの中規模以上の都市におけるレファレンス部門とは調査研究的な利用に対応するところであった。つまり、参考図書だけでなく様々な知識主題にわたる専門書をおいて閲覧に供する部門である。もちろん質問に対する回答業務をともなうが、日本で一般的にレファレンスという想像されるような、クイックレファレンスのみに対応する場ではない。

イギリスの公立図書館はイギリス社会が生み出したものである。貸出し部門は実質的に労働者階級のための自己教育とレクリエーションを提供する場であり、レファレンス部門は中流以上の市民の調査研究に対応する場となっていた。現在ではイギリスでも、高等教育への進学率の高まりなどがあって、かつての階級概念ははっきりしなくなってきており、それにともなってレファレンス部門と貸出し部門との統合が進んでいる。しかし、当時はそうした階級的な前提との対応で二つの部門があり、質問回答を行う機能は貸出し部門とレファレンス部門の双方にあったのである。

多くの日本の図書館員が、貸出しサービス論において読書案内とレファレンス・サービスがなぜ分けられているのかについて疑問をもっているものと思われる。両者にそれほど違いはないのだから、貸出し＋レファレンス（読書案内を含む）のように一緒に展開すればよかったのにと。だが、貸出しとレファレンスを最初から区別するのはイギリス流の考え方であり、読書案内は貸出し部門に附属しているものだから、これは分離されるのが当然である。つまり貸出し図書館の相談部門が読書案内とされるサービスであるのだが、日本ではそのような区別がないから読書案内とレファレンスの違いがわかりにくくなるのである。

前川はイギリス滞在を経て、閲覧中心の日本の図書館には閉架式であってもレファレンス部門的な要素はすでに存在しているから、貸出しを積極的に展開するサービスが課題であると考えたのだろう(15)。それを実践に移したのが、日野市立図書館の最初の時期のサービス展開であり、それを文章としてまとめたのが『市民の図書館』ということになる。だが、これはいうまでもなくサービスの全体像ではない。

彼は、何冊かの著書で貸出しが基盤にあり、その上にレファレンス・サービスや他のサービスが積み上げられるようなサービス構造図を示した。それは今日の貸出しサービス論の基本的なモデルを示しているが、イギリスの図書館のサービス構造とは異なっている。なぜなら、イギリスにおいても貸出しサービスは閲覧サービスのあとに始まったものであり、その意味で資料提供の基礎は貸出しではなく閲覧だったからである。閲覧にプラスして、貸出しがあり、レファレンス・サービスがある。貸出しサービスがすべての業務の基本であるというのは、決して普遍的なものではなく、日本である時期に意識的に選択された政策に過ぎない。そして、これが一番重要なことであるが、レファレンス・サービスの理論化や政策化は結局なされなかったのである。

4　大衆消費社会における貸出し論

市場と図書館の関係

貸出しサービスを考えることは、せんじつめると利用者のニーズをどのように評価して対応するかということである。その際に図書館の公共性が市場とどのような関係にあるのかを考える必要がある。例えばビジネスとしての貸本屋であれば、市場に出回っている本のなかでよく売れているものを選んでたくさん複本をおけばよい。レンタルビデオの店はまさにその論理によって品揃えがなされている。貨幣を媒介にして商品を獲得する市場が形成されているからである。

図書館の無料貸出しは貸本屋やレンタル店とどこが共通し、どこが違うのか。有料か無料かは重要な違いだが、むしろ市場的なニーズに依存するかそれと一線を画するかの違いである。公費をつかって市場的なニーズに対応するだけなら、公立図書館よりも公設民営の貸本屋やレンタル店をつくればよい。ある地域の書店組合が当該自治体に対して、図書館をつくるよりもその運営経費を住民の数で割った額を図書券で配ったらどうかという案を出したという話が伝わっているが、これも出版物市場とレンタル市場という違いはあるが同じ発想に立つ議論である。

このように、現代の図書館の問題は民間市場を意識した公共政策論的な枠組みで考えなければ理解できない状況にある。図書館が出版市場およびレンタル市場とある部分競合し、ある部分補い合っている場合に、極端な市場絶対論、民営化論に反論するには、図書館サービスと市場との関係を理論的に解明する必要がある。貸出しサービスの「理論」は図書館の内部的な経営論にすぎず、このような状況にこたえられないところに問題がある。

貸出しは、場所にとらわれずに資料を利用するサービスとして確かに便利ではあるが、一つ本質的な問題を含んでいる。それは、誰かが借りだしている資料は他の人は利用できないということである。借りられている二週間のうち、実際に読んでいる時間は数時間にすぎないのにそのあいだはその人に占有されているという意味で効率的でない。特定の本を求めて図書館に行ってみたら、誰かに貸し出されていて悔しい思いをすることは珍しくない。貸出しサービスは、利用者が互いに異なった本を借り出している状況を前提に成立する。これが相互に重なり合ってくると、予約サービスの導入なり、複本購入なりをしないと対応できなくなる。本章の主張の一つは、すでに貸出しサービスを基盤とするための社会的な前提条件が崩れているのではないかということである。

大衆消費社会の到来

『市民の図書館』が発行された一九七〇年は大阪万博の年であり、一九六〇年代の日本の高度成長が最高潮に盛り上がった時期にあたる。確かに経済発展に比べて図書館のようなところが財政的にうるおってくるには時間がかかる。企業による生産拡大がもたらした税収が治山治水、工業用地整備、港湾、道路建設、学校建設等々の「基盤整備」を終えて図書館のような選択的な行政サービスにまわされるためには一定のタイムラグがある。一九七〇年代から八〇年代にかけてはそうした選択的な行政サービス全体がようやくうるおった時期であり、図書館界だけ特別に成長したといえるのかどうかも検証する必要がある。つまり、図書館界の成功体験も本当に『市民の図書館』を中心的な政策文書とする図書館関係者の努力ならびに市民との協働によってもたらされたといってよいのか、ほうっておいてもこの時期に図書館に対する投資が行われたのではないかという仮説すら成り立つかもしれない[16]。

それはともかく、この経済成長が国民に何をもたらしたのか。それは言うまでもなく、所得水準の底上げによる大衆消費社会の到来である。好きなものを購入できる経済力をもつことで、それ以前に押さえ込まれていた消費への欲望が徐々に解放され始めたのがこの時代であった。家電製品、車、マイホーム…といった購入対象が明確になって人々も労働への意欲が湧いた。その背後に戦後、一貫してモデルになってきたアメリカ型の消費社会の影響が意識的無意識的に存在したということができるだろう。

図書館もまたアメリカの影響を強く受けた制度であることは先に述べた。図書館学の推進者は戦後一貫してアメリカ的なものの受容を目指してきた。しかしながら、先に述べたように、「中小レポート」以降の公立図書館政策は実はイギリスに範をとっている。そこにはおそらく、日本図書館協会に結集した人々の反米的な意識があったものと思われる。物質主義のアメリカよりも、何か深い哲学のありそうなヨーロッパに学びたいと言うことである。前川のイギリス滞在は、それ以前の有山のヨーロッパ訪問がきっかけとなったものであった[17]。有山はそこでとくにイギリスの公立図書館運営に学ぶべきものを見いだし、帰国後積極的にブリティッシュ・カウンシルに働きかけて、図書館関係者のイギリス留学の道をつくりだしたのである。

前川恒雄の貸出し論

それでは、イギリスの図書館運営から深い哲学を学び得たのか。有山およびそれを受け継いだ前川の図書館論において、アメリカの図書館論からは得られないであろうと思われる点がある。それは、利用者の自己教育という視点である。前川が自著で繰り返し述べているように、市民と図書館の資料を結びつけることによって市民自身が自分の可能性を発見し可能性を拡大し、そのことによって成長するという考え方である[18]。彼は最近の講演でも、「私が図書館の目的をどう考えているかということですが」…「一つは「市民の可能性の発見・拡大」つまり市民自身によって、市民自身が自分の可能性を発見する。図書館において発見する、そして可能性を拡大してゆく」と述べている[19]。最初から図書館が市民社会の装置であったアメリカよりも、労働者階級のための自己教育機関としての性格づけを強くもつイギリスからのほうが、そういう考え方は学びやすい。前川は図書館のサービス現場においてそういう思想を肌で感じそれを日本に持ち込んだと言えるのではないだろうか。

前川の著書で最も興味深い点はこの市民の自己教育機関としての図書館という考え方である。これは、その後拡がっていく、貸出しをどんどん増やせばよいという考え方とは大きなギャップを見せるところである。これは日本社会がイギリスを超えるスピードで経済大国化し、それによって大衆消費社会の様相を強く見せるようになったときに、その大衆の欲望をどう評価するかの問題なのである。

一九七〇年代の開拓期に『市民の図書館』をもとにサービスを展開した図書館の利用者となったのは、その意味で図書館を通じて自己の可能性を拡大しようという意識の高い人々であった。前川が想定している市民はそうした人々である。しかしながら、消費社会化が進行すればするほど、そうではない利用者が増えていった。一般的に言えば図書館を利用する人は多かれ少なかれ自己教育的な動機づけをもっていることは確かであろうが、ある時期からそこで要求される資料のかなりのものが市場における「商品」と重なる傾向が見られるようになってきた。とくに一九九〇年代以降の不況期に貸出しが伸びたのは、貸出しサービス論が大衆の欲望を引き受ける装置として積極的に機能したことを示している。昨今のベストセラー複本提供の議論はまさにそれが社会問題になった例である。

前川以降の「理論家」はそういう部分に無頓着であった。利用の目的が何であるか、あるいは利用の結果どのような効果があったのかといった部分にはむしろ触れるべきではないと考える傾向が強くなった。私の観察では、前川にとって、貸出しは自己教育の場としての図書館の目的を実現する手段であった。ところが、貸出しを目的視することによって市場社会とバッティングする図書館サービスをする機関として描き続けた責任は、その後の「理論家」にあると考える。前著で引用したが、かつて前川はベストセラー複本の大量貸出しにははっきりと否定的な見解を述べていた[20]。今の貸出し状況をどう考えているのか伺ってみたいと思う。

5　専門性論

専門職制は失敗した

現場にいる職員のなかには、サービスを発展できないのは専門職制度がないからだという意見がある。制度さえ整えば、うまくいくはずなのに、自治体当局がそういう考えになってくれない、と。しかしながら筆者が問いたいのは、貸出しサービスを核に据えた図書館論はその制度づくりにも結局失敗したのではないかということである。

東京都特別区の司書職制度づくりの失敗について、薬袋秀樹が詳細に明らかにしている[21]。あれは、今の貸出しサービス論が定着する前の問題であるという意見があるかもしれないが、一九七〇年代までに市町村レベルで司書職制度が導入されても、貸出しサービス論が定着して新しく図書館を設置する自治体が増える八〇年代以降になるとそれは必ずしも広まっていかなかったし、逆に凍結ないし廃止に至るところも少なくなかった。そして、その頃から図書館サービスの外部委託問題が始まっていく。薬袋の批判の射程はその後の公共図書館運動全体に及んでいる。

卵が先か鶏が先かの議論のように聞こえるかもしれないが、そうではない。制度づくりの前提には今実施されているサービス実践がある。制度がうまくいかないのは、この実践を導く「理論」に問題があり、それを実践に移した司書の評価が必ずしも高まらなかったからだと考えるほかないのである。

例えば、三団体の機関誌によく出てくる表現で「図書館員の専門性は、利用者を知り、資料を知り、利用者と資料を結びつけることにある」「カウンター業務を行うことにより、司書は利用者に鍛えられ、専門性が高められる」というものがある。これに力があるようには思われない。なぜならば、これは一種の経験知であり、大学で教えることのできるような具体的な知識や技能とは区別されるからである。どんな専門職でも、大学で教わることには限界があり、現場の経験は重視される。したがって、専門職教育と現場を結びつけるものとして、実習やインターン制度、義務的な初任者研修制度などが実施される。だが、それは当然大学で教えられる知識や技能が前提になっている。その知識や技能を個別の現場で生かすためにそうした実務的な知識が必要になるのである。

筆者は、公務員としての図書館員を専門職として位置づける運動は結局失敗したと考える。英米において確立したように見える図書館専門職は、あくまでも終身雇用制度が存在しない社会における図書館員の労働市場と待遇を守る運動から生まれたものであった。雇用の安定のためには、労働市場において自分を売り込むために常に競争を余儀なくされる。そのため専門職は職務上の工夫を行ったり、新しいサービスを開拓したりするための研究を行い、それを外部に論文として発表する。しかしながら、日本ではもともと公務員は終身雇用であるから、入るとき以外に競争にさらされることはないので、一度仕事の枠組みがつくられればそれを変えてまで新しい業務を開拓するような意欲は湧きにくい。公共的なサービスに従事しているという職業倫理以外に、工夫したり研究したりといったことへのインセンティブが起こりにくいのである。

実をとって名を捨てた

また、物価水準が異なるので一概に比較はできないが、図書館員を含めた日本の自治体の正規職員の給与は、ある年齢以上になれば、英米の公立図書館の対応する地位の専門職図書館員と比べてかなり高いことは確かである[22]。国立大学図書館員も含めて、戦後の図書館員の専門職運動は官僚システムに吸収されることによって、実をとって名を捨てたのである。しかし、ここでいう「実」は安定や待遇ということにすぎないのであり、これでは専門性の評価が行われたとはいえない。

なお、貸出しサービス論の論者のなかには、貸出しサービスを重視する自治体を、東京都二三区のように職員の専門性を無視したまま実施する自治体と、滋賀県の新しい町村図書館のように専門性を評価したサービスを展開しているところとを区別して、論ずるべきだという意見がある。(23) 確かに、挙げられている滋賀県の自治体や岡山市などそういうところはあるかもしれないが、全国に三〇〇〇館ある図書館のなかでは残念ながら例外的な存在にすぎない。

なぜ例外であるかといえば、広義の貸出しサービスの枠組みに含まれる専門性、とくにカウンター業務を介して実施される専門性をいくら声高に主張してもそれだけでは評価されないということを示している。それは、日本の行政サービスの窓口業務、デパートや商店の接客業務と同じ構造をもっている。行政担当者や販売担当者が行政の知識や商品知識をもって市民や客のニーズを満足させる仕事は当たり前である。専門性を主張する根拠として、こうしたパブリックサービスだけでは十分ではないのである。

もちろん、現場にばかり責任を押しつけることはできない。図書館員の専門知識が深く広いもので、自治体職員の三年から五年で異動するシステムになじまないことを証明することができていないところに問題がある。何よりも、養成教育の担当者やカリキュラムに問題が山積しており、大学で司書としての基本的な知識や技術の伝達ができているのかどうかが問われなければならない。制度がうまくできていなくとも、すぐれた司書を輩出できれば、サービスは向上し専門職制度の実現につなげられたかもしれないのに、図書館法から五〇年以上すぎて司書のレベルが向上したとは決して言えない状況をどう考えるかである。

司書のレベルというとき、制度の問題を別としても、同世代の人々のなかで相対的に優秀な人が司書になろうとしているのかという側面と、すぐれた教育を施しているかという側面の二つがある。両者は相互に関わっているがおしなべて、どちらをとってもうまくいっていないことを反省しなければならない。こうした問題については、日本図書館情報学会のメンバーを中心とした共同研究（LIPER）で検討し始めたところであり、今後、その結果を明らかにしていく予定になっている。(24)

私がここまで貸出しサービス論を批判するのは、最終的には日本でも図書館員の専門性の社会的な認知を確立したいと考えるからである。私自身の図書館サービス論については前記の著書を参照いただきたいが、ここで一点だけ述べておきたい。それは、英語でライブラリアンシップと呼ばれる図書館員の専門性の概念の解釈は多々あるが、それは少なくともコアの部分は大学（あるいは大学院）の教育課程で教えることのできる具体的なものでなければならないということである。それは、現場で身につける経験知でもなければ、図書館経営のノウハウでもない。そういうものを主張する限り、専門性の認知はありえない。

それではその具体的なものは何かであるが、あえて一言で言えば、資料や情報を組織化するための一連の知識群である。かつての図書館員の中心的な知識が目録や分類に関わる知識であるとされたのは十分な理由があった。いまやそれは不要であるという風潮が強いが、私はその対象は資料から情報全般に拡がり、方法もＩＴをふまえたものに変化しているにしても基本的に変わっていないと考える。(25)レファレンス・サービスとはこうした技術をもとに展開されるサービスである。そうした考えが体系的なカリキュラムとして図書館員養成の基盤に据えられていないところに、大きな問題を感じている。

最後に、これまでの公共図書館論は関係者の内部的なものにとどまっていた。彼らが市民と呼ぶのは、実際に来館利用する人々であり、熱心なサポーターであることが多かった。しかし、リピーターとなる利用者はせいぜい全市民の三割程度であり、逆に七割の市民の声は反映できていないと考えるべきであろう。今後は、行政、市民や作家、出版関係者などの関係者全体に拡がっている状況をふまえた生産的な議論が求められている。

コラム7　いわきの図書館に注文する

最後に、いわきの図書館の課題について考えてみよう。

かつての日本の図書館は、古い資料を保存する場、あるいは勉強部屋や書斎として利用される場と見られてきた。一九七〇年代以降、そうした伝統的な図書館の概念は資料の閲覧と貸出しを中心とする資料提供型の図書館に変化した。最近できる図書館はこのサービスプランに従っている。青森市民図書館もその例に漏れない。

前に紹介したように文部科学省の協力者会議は「これからの図書館像――地域を支える情報拠点をめざして」を発表したが、ここで言われている「地域を支える情報拠点」は単なる資料提供の場とは異なる考え方に基づいている。そこでは市民の日常的な課題解決に応えるとか、地域の情報発信を担うといった新しい考え方が付け加えられている。私は、新しくできるいわき市立中央図書館は、是非ともこの「情報拠点」をめざし、そのモデル館になってほしいと考えている。

では具体的に何をするのか。その重要な柱は、これまで図書館を利用していなかった人々に図書館の有用性をアピールすることである。図書館には文学書や教養書の類しかないと思っている人が意外に多い。しかしながら、例えば新しくこの地域でビジネスを展開しようとしている人にとって役に立つ情報が図書館にはたくさんある。経営指南書やビジネス書は当然のこと、市の総合計画、地域の土地利用図、住宅地図、商業統計、様々な政策文書などである。市の広報誌や各課あるいは各事業所が出しているチラシを体系的に集めるだけもよい情報源になる。新たにデータベース会社と契約して、最先端のビジネス情報を提供することも重要である。

しかしながら、ビジネスを成功させるには長期的・総合的な視点が必要であるから、表面的な情報を得る資料だけでなく、その地域が過去から現在に至るまでどういうところであったのかを知るための地域資料全体が欠かせない。このように実施するビジネス支援事業は、「課題解決」型図書館事業の重要な柱である。商工課や商工会、ハローワークなどと連携しながらも図書館の視点でじっくりとサービスを展開して頂きたい。

また、市の行政職員や市議会議員に対するサービスも重要である。行政職員は担当している行政課題の情報は身近にもっているが、ちょっと離れると簡単に入手できない。そのため、行政情報サービスを行っている公立図書館がいくつかある。前に紹介したように（コラム1）鳥取県立図書館は県庁にそのための図書室をつくったが、そこまでしなくとも、市役所各課に行政関係の資料のリストを配付したり、専門雑誌記事の目次を報知したり、職員や議員の専門的な質問に答えるサービスは多くの図書館で取り組まれている。これは行政サービスの向上を間接的に支援するものである。

いわき市は、たくさんの市町村が合併して成立した都市であるから、中央図書館がいわき駅前にできても、そこを直接利用できる人はそれほど多くない。だからこそ、市のどこに住んでいても図書館サービスを受けられる体制が必要になる。すでに、五つある地域図書館を通じて資料を相互に配送することは行われている。

さらに実現したいのは、図書館のホームページを通じて、地域資料や地域情報を発信することである。著作権に配慮しながら、資料コンテンツのデジタル化を進めるべきであろう。子どもたちが学校で総合的な学習の時間や社会科で地域のことを調べようと思っても十分な資料が学校図書館にそろっていないことが多い。子ども向けの地域資料を再編集してインターネットを通じて発信することは、ぜひ教育委員会全体の事業として考えていただきたい。また、地方新聞のデータベース化を図書館が積極的に実施することも必要である。『いわき民報』の記事は二〇〇二年以降がデータベース化されて利用できているが、全国紙や県域紙のいわき地域版をデータベース化したらどうだろうか。

図書館が単に本を提供する場ではなく、情報を提供する場であると考えてみるとやるべきことは無限に拡がってくる。すべてを一度にできるわけはないが、新しい理念の図書館として、専門的資格をもった館長のリーダーシップのもとに、職員が専門意識を強くもってしっかりと運営を進めてほしい。そうすることで、図書館は地域経済と地域文化に根を張って知識と情報という滋養を市全体に送り出すことが可能である。

第8章　地域で展開する公立図書館サービス
——続・貸出しサービス論批判——

1　図書館運動の方向性

貸出しサービス論争

『図書館界』（以下、本誌とする）で繰り広げられた公立図書館論をめぐる「論争」の「当事者」としてひとまず思うのは、筆者自身の役割はひとまず果たせたのではないかということである。というのは、若い人たちに図書館改革の課題を引き継ぐのが筆者の目的であり、それができつつあるのではないかと考えるからである。

本誌で筆者の主張（第7章）を積極的に批判した人たちは、基本的に一九七〇年代から九〇年代にかけての図書館サービスを率先して引っ張ってきた人たちであり、大方はすでに現役の図書館員ではない。今回読ませていただいた文章における彼らの主張は、当時のやり方でうまくいっているのだから大きく変える必要はないというものである。筆者は、その当時の論理はもはや通用しないから新しい論理が必要だと述べたので、すれ違わざるをえない。

他方、もっと若手の寄稿者の多くは現場の職員である。彼らは基本的に貸出しサービスを基盤に据えながらも、新しいことを模索しようという意欲を表明している。また、理論的に自分たちが対応しようとしている「利用者」がいかなる人たちなのかを見極めようとする論文もあって興味深かった。こうした意見を引き出すことができたことで、役割を果たせたと考えるのである。

本章の意図

第7章でも強調したように、筆者は貸出しサービスそのものを否定しているわけではない。サービスを展開する最初の論理として必要なものであったし、とくに複数館あるところの小規模地域館や分館ではこれを中心に展開することは変わらないだろう。だが、一つの自治体の図書館サービスを展開する戦略として、この概念だけでは先が見えないと述べているのだ。現場の職員の文章のなかに、貸出しが定着し、利用者の支持も強いのに、行政当局はそれを認めようとしないという嘆きあるいは怒りのようなものが伝わってくるものがあった。それはまさに、貸出しサービス論にそれ以上の戦略がないことを示している。

公立図書館には、本誌を読んでいるような図書館関係者（以下、業界人とする）ではない様々な人々が関わっている。図書館は変容し、すでにそうした外部の利害関係者を多数ひきつける存在になっているのに、これまでの業界人の議論はあたかも図書館員と利用者がキャッチボールをすることで解決できるような関係を前提にしてきた。筆者は行政の担当者を説得するためには、外部を含んだ図書館を取り巻く全体像を見ておくことが必要だと考える。

2　貸出しサービス論の有効性

図書館政策説と財政要因説

大学の司書課程の教科書にすら、「中小レポート」（一九六三年）から「市民の図書館」（一九七〇年）が日本の公立図書館の躍進をもたらしたという解釈が掲載されている。しかしながら、業界人のあいだで常識とされる解釈にも疑問がある。

あらゆる行政が実施する事業を左右する最も基本的な要因は法と政策と財政であるが、いずれかの要因が強く作用しない限り事業着手の方向には向かわない。公立図書館は法的に設置が義務づけられているわけでもないし、国の政策に積極的に位置づけられて多額の補助金等が支出されたこともない。とすると、全国的に図書館がつくられるためには、多くの自治体が積極的に図書館をつくる政策を選択するか（図書館政策説）、あるいは、財政的な余裕によってほかの類似の行政課題と同様に取り組むか（財政要因説）のいずれかの場合が考えられる。

これまでの解釈は「中小レポート」「市民の図書館」がこの積極政策をもたらして、各自治体で図書館活動が活性化したという図書館政策説を採用してきた。確かにある時期に一部の自治体ではそれが当てはまった。だが、多くの自治体ではそうした政策なしに図書館はつくられ、それなりの発展をみたのではないか。財政要因説で説明した方が理解しやすいのではないだろうか。

財政で説明する

一九七〇年代以降バブル期までの時期は、日本の自治体財政が大きな伸びを示す時期であった。その伸びによる財政的な余裕は、従来型の道路、河川、港湾、工業用地、水道、学校などの地域において必須とされた生活基盤の整備から、必須とはされない選択的な事業にまで徐々にまわされていったと考えられる。図書館はこうした選択的事業のひとつでしかなかったから、もし財政要因説に妥当性があるとすれば、ほかのそうした要素とともに発展したと考えられる。財政要因説の有効性が確認できれば、貸出し論による呪縛が解けやすいのではないか。

そのために、以下、三つの点について述べたい。第一に、公立図書館の貸出しサービスの達成度を確認することである。貸出しサービス論のコンテクストに基づいて、貸出しはどのくらいになっており、また、活発な貸出しを行っている地域はどこなのかをみておきたい。第二に、公立図書館を社会教育施設としてとらえて、社会教育行財政の観点からどのように位置づけられるかを確認しておきたい。第三に、公立図書館サービスの経年変化を他の社会教育施設と比較することである。これも、図書館を客観的にみてどのような戦略をとるべきかを探るヒントなるだろう。いずれも、図書館を特別視することなく、描き出すことで新しい見方ができるであろうことを意図している。

3　貸出しサービスモデルはどの程度普及したのか

貸出しの普及

第7章で、貸出しサービスモデルは基本的に人口の稠密地域で有効であるが、それ以外の地域での実現は難しいと述べた。ここで貸出しサービスモデルというのは、「市民の図書館」にいう、貸出し、児童サービス、全域サービスの三点セットをいう。とくに、人口が分散している地域では全域サービスを実現することが難しいと述べた。つまり、地理的条件の違いに基づく地域格差があるので、これを克服するには政策的に対応するほかないということである。それを行ってきたのは県立図書館を中心とした図書館振興策をもつ滋賀県であったが、滋賀県を除いてそのような振興策を継続的に保持している都道府県はない。とすればこのモデルの有効性は限られるということになるが、実際のデータで見ておこう。

二〇〇六年版の『日本の図書館——統計と名簿』に掲載された二〇〇五年の都道府県別の貸出しデータで住民一人あたりの貸出し数が多い順から並べると表8－1のようになる。ここまでが全国の平均値四・七を上回る県である。逆にいうとこれ以外の三三道府県は平均に満たない。最低は秋田県の一・九である。まずは地域格差の大きさを認識すべきである。

このリストを見て気づくのは、大都市およびその郊外から始まる貸出し数の増加パターンは実際に進行しており、とくに関東では周辺県である群馬や山梨にまで広がりつつあることである。近畿でも同様の傾向は見られる。確かに、モデルはそれなりの普及を示しているようだ。

佐賀県と山口県を検討する

他方、ここでそのパターンから逸脱するケースとして佐賀県と山口県がある。これらの県の貸出しがこのように上位に位置づけられるようになったのは比較的最近のことである。まず、佐賀県についてみると、県全体の年間貸出し数五六〇万点のうちの四五％にあたる二五〇万点が佐賀市立図書館一館で貸し出されている。また、佐賀市の活動と相互に刺激し合いながら、貸出しを中心とするサービスを展開させている鳥栖市、伊万里市、鹿島市、武雄市などの市がある。一言で言うなら、佐賀市立図書館を中心にして県域にほどよく利用しやすい図書館網がつくられている。これが県の特別の政策なしに行われていることが注目されるが、町村での図書館の設置率は低い。都市部中心である。

山口県については、佐賀県のように一極集中の状況ではないが、山口市、宇部市、岩国市など複数の都市がそれぞれ全域サービスをこころがけて、これが県域で広く展開されているところに特徴がある。こちらは町村についても設置率は高い。かつて山口県は全国平均程度の貸出し率の県であったが、ここまで増えたのはそれまで

表8－1　住民一人あたりの貸出し上位県

	都道府県	貸出し冊数
1	滋賀	8.4
2	東京	7.7
3	佐賀	6.4
4	大阪	5.7
5	山口	5.7
6	愛知	5.6
7	群馬	5.4
8	埼玉	5.4
9	山梨	5.3
10	千葉	5.2
11	奈良	5.2
12	静岡	5.1
13	岡山	5.0
14	兵庫	4.8

実質的に市立図書館がなかった山口市に二〇〇三年に中央図書館が開館し、二〇〇四年度の貸出し数が一挙に一二〇万点増えてからである。山口は歴史的にみても県立図書館が主導して図書館サービスが早いころから定着していたところであるが、一九九〇年代後半以降に市立図書館の建て替えの時期に差しかかって、新しい図書館サービスの考え方に基づいて図書館サービスを積極的に展開し、面としての発展を遂げているように見える。

アメニティ型図書館の設置

以上の二県を検討してみて、貸出しを伸ばす方法として従来の大都市周辺型のものだけでなく、地方都市型のものの芽生えがあることが確認できる。とくに県庁所在地に大型館がつくられることによる集客効果が大きい。二県の図書館に限らず、ここ一〇年程の地方図書館の動きを整理すると、第一に県立図書館も含めた大規模施設の新設によって利用者を集めていること、第二に町村図書館の設置運動は人口五〇〇〇人程度の自治体までにしか及んでいないこと（市町村合併が進んだところでも全域サービスの解決にはならない）、第三に児童サービスは実施はされているが少子高齢化の影響もありとくに重点的に取り組まれているとはいえないことが挙げられる。子ども読書活動推進政策が公立図書館の児童サービスの充実に結びついているところは多くない。

明らかに図書館サービスの手法に変化が見られる。「市民の図書館」は資料を借りて自宅で読むことを強調したが、その手法は継承しながらも、施設を大型化し利用できる資料の幅を広げたり居心地をよくしたりすることで快適な公共施設であることを強調している。滞在型図書館あるいは居場所としての図書館などと呼ばれることもあるが、ここでは仮にアメニティ型図書館と呼んでおく。

貸出し数を増やすだけなら、佐賀のように町村に図書館はなくとも、アクセスしやすい一極集中の大図書館をつくればそれなりの効果が上がる。また、かつて市町村立図書館と県立図書館の機能を明確に分ける考え方が強かったが、一九九五年の岐阜県立図書館の新設あたりから最近の岡山県立図書館に至るまで、新しくできる県立図書館はどこも貸出しサービスにも力を入れるようになっており、ここでいうアメニティ図書館の典型になっている。「第二線図書館」として市町村支援の役割を旨とする県立図書館のイメージはすでに過去のものになった。

現在、良い図書館の要素としては、駅前や繁華街近くなどのアクセスしやすい場所、郊外の場合は広い駐車スペース、滞在して資料を利用するのに快適な施設、大きな開架スペースと豊富な新刊書供給、ビデオやCDの視聴やインターネット端末の利用、貸出し冊数の制限をつけずインターネットからも予約できる、というように、施設面を中心とした利用しやすさがきわめて重視されるようになっている。利用しやすいことはよいことだ。だがその陰でどのようなことが起こっているのだろうか。

4　現時点での社会教育施設

社会教育施設の比較

文部科学省は一九五〇年（昭和二〇）からほぼ三年ごとに「社会教育調査」を行って、日本の社会教育施設（公民館、博物館、図書館、社会体育施設、文化会館）の現状を報告している。図書館関係者は統計

表8－2　全国の社会教育施設の概要（2005年，カッコ内は内数）

	施設数（施設等）	職員数（人）	うち指導系職員（人）	学級・講座受講者数（千人）	集会参加者数（千人）	利用者数（千人）	（参考）利用者数等合計（千人）	（参考）国民一人当たりの利用回数（回）
公民館（類似施設を含む）	18,182	56,311	17,805	13,028	21,601	233,115	267,744	2.10
図書館	2,979	30,660	13,223	…	2,297	170,611	172,908	1.35
博物館関係施設	5,614	44,619	6,916	2,541	3,567	272,682	278,790	2.18
博物館	(1,196)	(17,354)	(4,296)	(1,421)	(1,569)	(117,854)	(120,844)	(0.95)
博物館類似施設	(4,418)	(27,265)	(2,620)	(1,120)	(1,998)	(154,828)	(157,946)	(1.24)
青少年教育施設	1,320	8,251	2,961	616	1,045	20,864	22,525	0.18
女性教育施設	183	1,209	263	234	198	2,850	3,282	0.03
体育施設	64,835	320,665	63,068	…	25,896	624,264	650,160	5.09
社会体育施設	(48,055)	(100,297)	(9,599)	…	(9,137)	(466,617)	(475,754)	(3.73)
民間体育施設	(16,780)	(220,368)	(53,469)	…	(16,759)	(157,647)	(174,406)	(1.37)
文化会館	1,885	18,388	1,697	1,819	29,580	…	31,399	0.25
合計	94,998	480,103	105,933	18,238	84,184	1,324,386	1,426,808	11.17

データを日本図書館協会の『日本の図書館・統計と名簿』および『図書館年鑑』に頼る傾向があるが、ほかの施設との比較を行うためにはこの調査が有効である。

まず、この調査の二〇〇六年版（二〇〇五年一〇月一日調査）によって社会教育施設の数を比較してみよう。表8－2は、この調査の最初に掲げられている総括表である。図書館の社会教育行政における相対的な位置づけを理解することができる。[1]

施設数や職員数は体育施設が圧倒的に多く、次いで公民館、博物館関係施設（資料館や記念館のような類似施設が含まれる）とな

表8－3　全国の社会教育施設の経費（2004年，経費の単位は千円）

	社会教育費合計	消費的支出（%）	うち人件費（%）	資本的支出（%）	債務償還費（%）
公民館費	289,270,967	66.3	34.4	16.7	16.9
図書館費	336,777,486	64.1	38.0	18.1	17.9
博物館費	213,605,506	56.6	21.1	14.0	29.5
体育施設費	586,488,918	42.6	6.7	18.5	38.9
文化会館費	164,368,265	42.4	7.1	14.8	42.8
その他	547,822,633	65.9	12.4	17.3	16.8
合計	2,138,333,775	56.5	18.3	17.2	26.3

り、図書館はその次ということになる。指導系職員というのは、社会教育主事、公民館主事、博物館学芸員、図書館司書などを指す。青少年施設、女性施設、体育施設でも基本的には教員などの資格をもった指導系職員が置かれている。その数についてはやはり体育施設が多いが、施設数との比率でいうと図書館には平均四人以上の指導系職員がいて一番多い。他は青少年施設に二人程度の指導系職員がいるだけで、一施設一人程度の社会教育施設が多い。

社会教育関係者のあいだには、図書館は社会教育施設のなかではうまくいっているほうだという評価が少なくない。これはのちに述べるように指定管理に移された施設の割合が少ないことをもって言われることが多いが、その前提として順調に施設数が増え、司書を中心とした職員配置が進められていることも指摘されている。

経費と利用数の比較

表8－3はやはり文部科学省が調査した社会教育施設の経費を比較したものである。(2)消費的支出が通常の運営費で、資本的

支出と債務償還費が施設整備に関わる経費と考えてよい。経費総額では体育施設費についで多く、人件費だけなら図書館費が一番多い。このように図書館という施設は社会教育施設のなかで専門的職員である司書・司書補を確保しつつ条件を整備しているということができるだろう。

最後に見ておきたいのは、施設の利用数についてである。表8－2の一番右の欄に「国民一人当たりの利用回数」という数字があり、図書館は一・三五回となっている。これは表にあるように、「集会参加者数」と「利用者数」を合計したものである。「利用者数」は調査票においては「帯出者数」を書き込むことになっている。

この数字は体育施設五・一回、博物館関係施設二・二回、公民館二・一回と比べても少ない。なぜ「帯出者」のような古い言葉を使うのか疑問であるが、これは一年間に貸出しサービスを受けた利用者の累積数ということであろう。来館しても貸出しを受けない館内のみの利用者がカウントされていないし、帯出数という統計項目を現場でどのように理解しているのか疑問がある。ここに今はやりの行政評価の問題を見てとることができる。「学級・講座参加者数」、「集会参加者数」、施設の「利用者数」といった異質の数を単純合計しているにすぎない。にもかかわらず、数字が独り歩きする可能性がある。

社会教育施設の経年変化

次に経年変化を見ておこう。図8－1は、社会教育施設のなかで公民館（生涯学習センターなどの類似施設を含む）、博物館（登録博物館とその相当施設）、図書館（図書館法上の図書館）、社会体育施設の数を一九八七年の数を一〇〇としたときの相対指数で示す(3)。

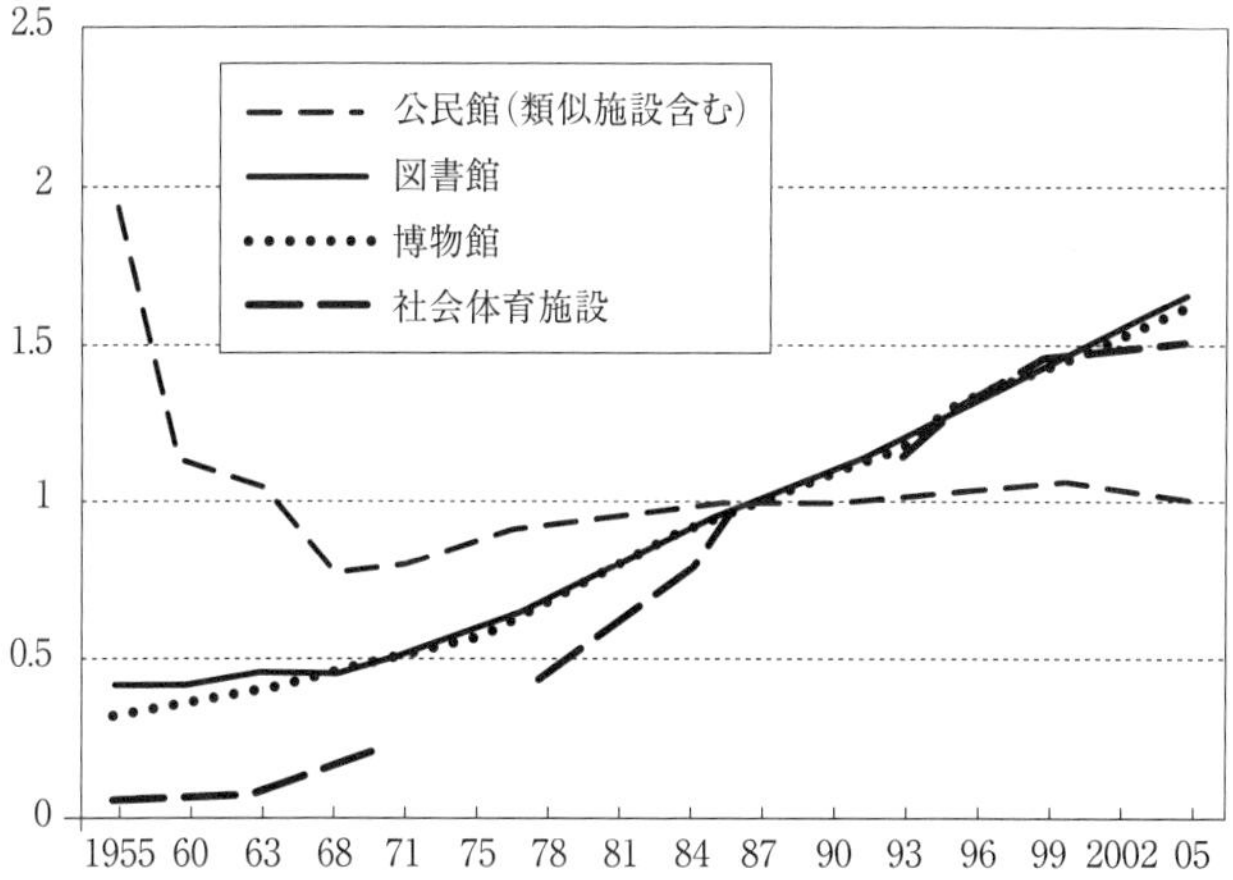

図8－1　社会教育施設数の経年変化（1987年の数を１としたときの指数）

まず、公民館の数が一九五五年から一九六〇年代にかけて急激に減少し、その後は大きく変わっていないことがわかる。戦後最初の社会教育行政は公民館を中心に行われた。公民館は新憲法体制における民主思想と新生活を啓蒙するための学びの場として地域に必須の基盤とされたのである。しかしながら、現在の二倍もあった公民館の多くは地域の集会施設や学校、青年団、農業団体などの既成の施設を利用したものであったから、それらを統廃合して公共施設として再建されるようになるのは一九六〇年代後半以降である。

図書館と博物館はほとんど同様の増加傾向を示していることが注目される。その増加の割合は一九六八年以降ほぼ直線であらわされているように一定である。もちろん図書館と博物館の設置数は前に見たように異なるのであるが、施設面でいうと公民館が一九七〇年代に普及が終わって飽和状態に入ったのに対して、それに代わって両施設は七〇年代以降に成長期に入ってそれが現在にも続いているということがいえる。

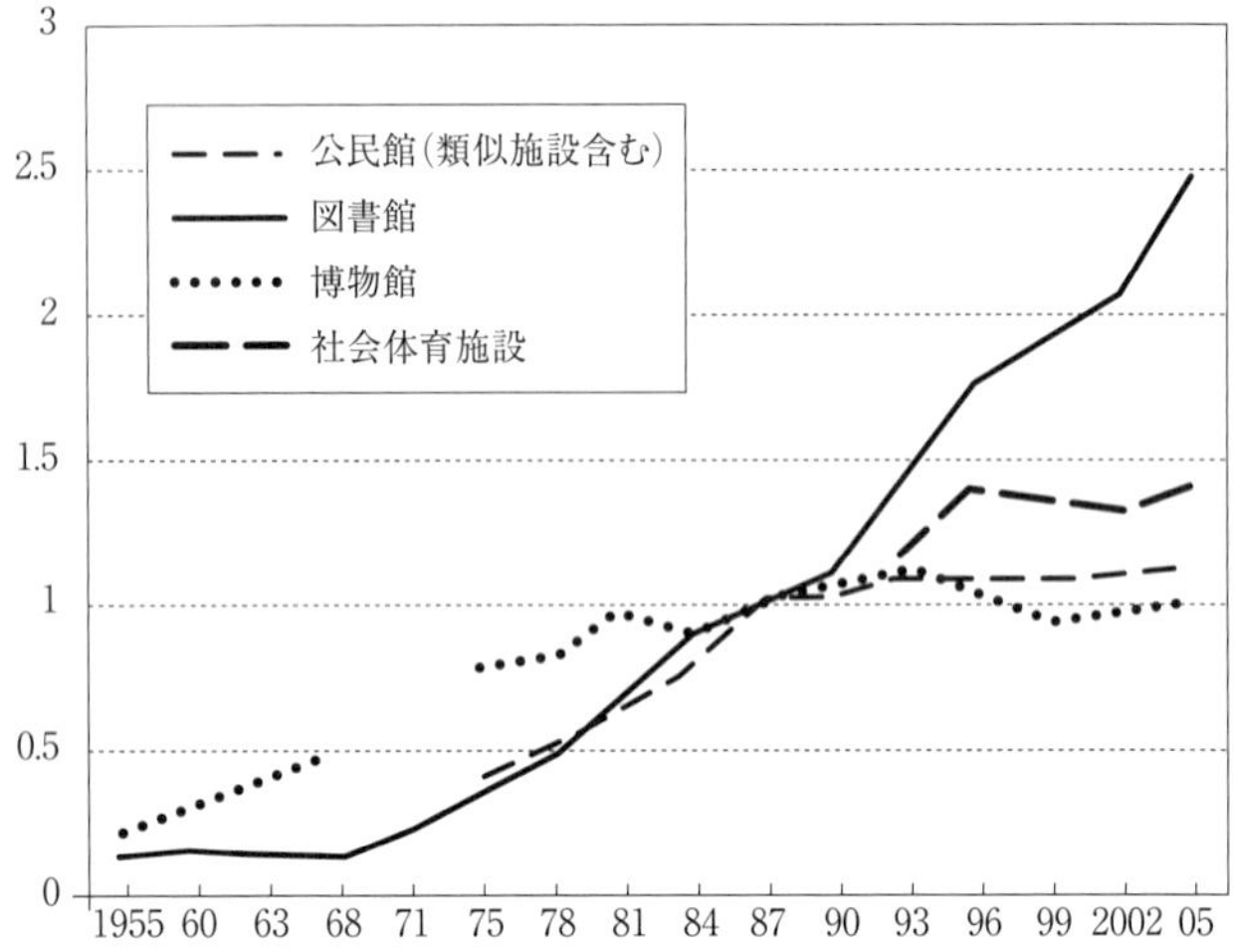

図8－2　社会教育施設利用者数の経年変化（1987年の数を1としたときの指数）

図書館と博物館は法制化されたのも一年違いで、互いに共通性のある施設とされることが多いが、実際にはあまり関係をもっていないことも事実である。文部省のような機関が調整してこれらを同じように整備しようとしたわけではなく、個々の自治体の事業選択の結果として図書館や博物館の設置が同じように進められたということである。

次にこれらの施設を利用した利用者数等の変遷を見てみると、図8－2になる[4]。先の表8－1と同様に利用者数等とは、それぞれの施設の学級・講座・集会の出席者数と来館者、帯出者等の数字を合計したものにすぎないが、一応の目安にはなる。

先の施設数の経年変化と比べて、図書館が一九八七年以降突出して利用者数を増やしている様子がはっきりあらわれている。他の社会教育施設の利用者が伸び悩んでいるのに、図書館だけが二〇年間で二・五倍に利用者数を増やしているのである。これは先に見たアメニティ型図書館が順調に利用者を集めていることを意味している。ここには貸出し利用者しかカウントされていないから、来館して資料や施設のみを利用する人も含めると実数としてもかなりの数になるものと思われる。

5　ハコもの行政の帰趨

図書館は施設建設のひとつだった

社会教育施設の建設はいわゆるハコもの行政の一環にあったということが言える。ハコもの行政とは地域産業振興と住民福祉とが組み合わされたもので、公共施設建設そのものが目的となる行政手法である。財政に見合わない豪華施設やつくられても利用されない施設、大幅な経営赤字をもたらす施設があることが批判されてきた。図8－1から社会体育施設の伸びも示されているが、六〇年代以前は図書館や博物館ほども存在していなかったが、七〇年代以降急激に増加している。これ以外にも住民の生活基盤の整備や福祉を目的とした施設建設が日本全国で広く行われた。

とくに、バブル経済崩壊後の経済停滞期においては、地域経済活性化方策の一環として施設建設の公共事業を積極的に行った地方自治体の意向、これを可能にするために地域総合整備事業債（地総債）やふるさと創生基金、合併特例債などの政策でバックアップしようとした自治省（総務省）、そして言うまでもなく地域生活において便宜を求める住民の意向が一致して、ハコもの行政が継続したと見ることができる。

一九六〇年代までは社会教育施設は公民館が中心であり、それ以外の施設はその後の高度経済成長期につくられ、バブル崩壊後の低経済期にも継続して建てられた。その際に事業内容よりもハコものとしてつくられやすいのは、自治体行政においては、生涯学習は住民が自主的に行うものであってひとまず施設の充実が要請されるとの了解があるからである。社会教育関係者は、公民館には社会教育法、図書館には図書館法、博物館には博物館法があって、その事業内容や専門的職員を置くことも法的に規定されているので、これらが単なるハコものではないと主張する傾向がある。だが、法的規制は弱く、自治体行政においてはこれらも他の公の施設と同様に扱われがちであった。

九〇年代以降利用が伸びた理由

バブル経済以降の図書館の利用者数が急激に伸びたことをどのように評価すべきであろうか。これには二つの側面を読み取ることができる。ひとつは図書館がようやく市民生活において日常的に利用される施設になったということである。利用者数や貸出し点数という観点からは欧米の図書館先進国と比べてもそん色のないレベルに近づいている。これは「市民の図書館」の考え方のプラスの面である。

他方このような利用者数の増加をみた背景には、図書館自体のもつ無料原則という側面と長期に続いた不況という要因がある。図書館が不況期に発展するのは世の習いである。一九九〇年代以降、博物館も社会体育施設すら利用が伸び悩んだのは、不況期における有料施設の限界といえるのに対して、無料の図書館はそういう時期に最も市民から歓迎される。このこと自体は悪いことではない。図書館とはそういうものだからである。だが、貸出し利用が増えたことで、結局、図書館のハコもの化が促進された疑いが強い。そこで市民から支持されたのは、図書館というハコとそこで行われている蔵書管理や閲覧席管理、そして貸出し資料管理といった単純業務に対してだけかもしれないからだ。少なくとも多くの行政担当者はそのように見なしてきた。

貸出しサービスは、地域における出版物の消費と相補い合うサービス手法をとることで多くの利用者を集め、また貸出し点数という量的なアウトプットにより明確で評価をしやすいサービス構造をもつ。また、カウンターで利用者を相手に仕事をする図書館員は施設管理の窓口業務と共通性は高いように見える。アメニティ型図書館への転換は他の施設に比べて利用者を格段に増やした。図書館をとりまくもののなかで、図書館員と利用者と行政の論理が一致してこの方向を推進した。バブル崩壊以降の図書館は量の論理に巻き込まれながら一応の成功をみたのである。

6　対抗軸としての図書館像

地域との関係

筆者に対する批判のなかで、どのような図書館をイメージしながら批判しているのかがわかりにくいというものがあった。それらについては、『情報基盤としての図書館』と『続・情報基盤としての図書館』の二冊に書いたから前の論考（本書第7章）では省略しただけで、明確な考えはある。(5)それ以外にも、三多摩郷土資料研究会の『地域資料入門』(6)という本に関わり、現場の図書館員とかなり踏み込んだ議論をしながら冒頭の総論的な章を執筆した。また、文部科学省の『これからの図書館像——地域を支える情報拠点をめざして』（二〇〇六年）の策定の委員も務めたので、そこで言われている新しい図書館の考え方にも意見を寄せており、筆者の図書館像と近いものを表現していることは確かである(7)。

文部科学省の報告書は今後の図書館について思い切った提言をしているものであり、多くの人が今後の図書館運営の指針になるものであることを認めている。だが、報告書で強調される「地域の課題解決を行う図書館」とか「地域の情報拠点」という表現における「地域」とは何かがきちんと議論されないままに報告書が書かれたことについて、一抹の不安を感じている。少し、地域における図書館について筆者の考えを補足しておきたい。詳しくは『地域資料入門』と後で述べる『地域資料に関する調査報告書』を参照してほしい(8)。

文科省報告書は、従来の貸出しや閲覧を中心として図書館に利用者を呼び込むようなタイプのサービスだけでなく、図書館が地域における様々な情報利用の場に積極的に関与するためのサービスを提供する必要があることを強調している。そこで事例に挙げられている「ビジネス支援」「行政支援」「学校支援」などこれまでも個別には取り組まれてきたものであるが、全体としてターゲットを明確にしてサービスを展開すべきであることが述べられる。これを行うには、当然のことながらサービス体制の組み換えが必要になるのだが、さらに「地域」についてのこれまでと異なった見方を採用する必要がある。

先に述べたように図書館の利害関係者は、今来館している利用者だけではない。あらゆる場面で情報や資料を必要とするのに図書館を利用していない人が多いのは、図書館が自分たちのニーズにこたえる存在ではないと考えているからである。利用していない彼らは図書館を信用していないという意味で図書館に対する利「害」関係者になるかもしれないのだ。

ターゲットを絞ったサービスは図書館から積極的に機関関係者や利用者にアプローチする点で新しい

ものであるが、実際には一部の外部資金を得たところ以外、特定資料のコーナーを作る程度のことしかやれていないところが多い。予算や人的資源が一定か減少しつつある時代にこうしたサービスを展開するためには、図書館サービスの優先順位を見直して何かをやめるか、サービス単価（とくに人件費）を下げる必要があるのだが、それをしないなら新たにやれることには限界があるということである。だから提言に本気で取り組むためには、そうしたサービスの基本方針を見直す必要があることが、報告書では十分に主張されていない。

地域資料サービスの展開

だが、図書館はもともと地域においてサービスを展開してきているので、そのような大きな軌道変更をしなくともすむ方法がある。それは地域資料サービスの領域である。郷土資料と呼ばれてきた領域は図書館員がもともと専門性をもって開拓してきた領域である。「中小レポート」後の議論で古文献や古文書を扱う郷土資料は古いタイプのサービス領域の典型とみなされたこともあり、図書館においてはどんどん片隅に追いやられてきた。これは残念なことである。

現在は地域資料と言い直されて、今、当該地域で発生している資料群の整備に力が入れられている。これがなぜ重要かというと、こうした資料は発生源である地域の様々な機関に働きかけない限り収集できないものであり、その際に図書館と当該機関のあいだに一定の関係がつくられるからである。最初は出版者—収集者の関係であるが、次には利用者—提供者の関係に展開するし、さらには専門的な情報源—レファレンス／レフェラルサービスの提供者という関係にもなる。地域の情報拠点づくりとは図書館が地域における様々な情報資源の仲介役になることを意味しているのであるが、そのためには以上のように地域資料の発生機関を結んだソーシャルネットワークをつくっていくことが有効である。

例えば、公立図書館がビジネス支援を行うためには、もちろん、出版流通ルートにのるようなビジネス関係、産業関係、社会科学関係の資料の収集とデータベース等の整備が必要であるが、同時に、国の地方出先機関、自治体の商工課や労働課、地域の商工会議所や商店会、ハローワーク、観光協会等、企業、新聞社、テレビ局、大学等の研究機関など地域にある関係機関はすべて重要な情報源である。これらが作成している印刷資料ばかりでなくＨＰ上で発信している情報も含めて収集する際に、必ず当該機関とコンタクトをとり挨拶に出向くことで、専門家集団との最初の関係がつくられる。そのあとは、単に資料を集めましたで終わるのか、レファレンスの情報源としてあるいはイベントや情報発信の際のリソースとして関係を保持するのかはそれぞれのサービスの目的や手法次第である。通常の行政サービスにおいてもこうした人脈作りはきわめて重要なものであるが、図書館サービスも人的な資源をきちんと位置づけるべきである。報告書でいうようなサービスを行うためには地域資料サービスというインフラがしっかりとつくられている必要がある。

地域文化への積極的関与

ここまでは、地域資料を報告書でいうような「役に立つ図書館」のような実践的な課題に結びつけたが、郷土／地域資料の領域で図書館はそもそももつ地域的な文化活動のネットワークと結びついていた。多くの郷土資料が自治体史編纂の一環で集められた経緯があり、そうした歴史編纂と結びついていたり、地域研究雑誌の編集事務局となっていたり、地域出身の作家の資料が置いてあるところでは文学研究と結びついていたりした。こうした資料と地域文化との結びつきは、一九七〇年代以降の貸出しサービス論が無視した部分であったために、結びつきは薄れている。そのために資料館や文書館を別につくったり、文学館をつくったり、歴史博物館に資料を移管したりということが起こった。図書館にはもともと地域の文化人や知識人が集まる拠点という性格があったが、それを意識的無意識的に排除したのが貸出しサービス論である。これはきわめて残念なことである。これによって地域における有力なステークホルダーの支持を失ったのである。現在、地域の研究者あるいは歴史家のかなりの部分が当該自治体の職員か教員であり、彼らの地域における発言力は決して無視できないのにも関わらずである。

筆者は二〇〇六年に『地域資料に関する調査研究報告書』をまとめる研究会の主査を務め、同報告書は国立国会図書館から発行された。これは公立図書館を中心とし、博物館や文書館も含めて地域資料の収集保存提供の実態を全国調査した初めての調査研究である。これを実施してみて改めて図書館が地域資料（歴史資料から現代的な資料、デジタル情報を含めて）の拠点として重要であることを確認するとともに、せっかくの資源が活かされていない実態が浮かび上がってきた。多くの基礎自治体図書館では地域資料は職員の兼務で対応されていること、そのためにかなりの未整理の資料が存在していること、開架のスペースが小さくせっかくの資料が書庫で眠っていることなどが挙げられているが、結局のところ、いろいろあるサービス分野のなかで優先順位が低いことを示している。これはもったいない。地域資料の収集と提供をベースとして、行政支援、学校支援、ビジネス支援、あるいはデジタル情報の発信等を行うべきだと考える。

7　量的評価からの脱却

利用の量的伸びでは限界がある

司書として発令される職員の割合の大幅減少、非正規職員の増加、業務委託の進行、そして、指定管理制度やＰＦＩの導入。この業界ではこれらが進行するのは、図書館サービスの重要性が文部科学省や自治体当局に理解されていないから生じるものとしてきた。しかしながら、この事態は図書館に限らず、資格をもった職員の設置義務が課されるなどの法的規制がないあらゆる事業領域において発生している。学校経営の責任者である校長ですら、教員免許がなくともかまわないとされる状況のなかでは、経営の合理化、能率化をはかるために何でも起こりうるのである。図書館関係者が陥りがちな図書館を特別視する見方はいったん退けなければならない。

本章では、一九七〇年代以降図書館は他の社会教育施設と同様の発展を示したが、とくに一九九〇年代以降の財政の逼迫に比して利用の伸びが大きかったことが自ずと効率的で安価なサービス手法の導入をもたらしたとみた。こうした利用の伸びは貸出しサービス論がもたらしたプラス面であったが、同時に民営化論も引き寄せた。司書が必要だという点については非正規職員に司書有資格者を当てればよいし、貸出しを中心とした定型的な業務は委託や指定管理になじむものであるからだ。利用者から見れば、運営が直営だろうが指定管理者だろうがよいサービスが提供されることが大事であるからだ。

二〇〇五年時点での社会教育施設における指定管理制度の導入は、公民館三・七%、図書館一・

八％、博物館一三・九％、社会体育施設二〇・七％、文化会館三五・八％である。(9) 図書館が低い理由はひとえに図書館法一七条の無料原則にあって、収入源が限られるので民営化になじみにくいところからきている。しかしながら指定管理への移行は今後進行していくことは間違いない。収入がなくとも、運営費の効率化（すなわち人件費の節約）で乗り切るノウハウはすでに存在しているからである。

最近の指定管理契約の仕様書ではレファレンス・サービスや読書案内、ビジネス支援も地域資料サービスも何でもできることになっている。自治体からの契約金以外に収入源が乏しいから、行政評価になじませるためには安価な労働力で数を稼がなければならず、質的に評価されるサービスに取り組むことはしにくい。だから、指定管理で地域資料サービスやレファレンス・サービスをやっていますといっても、形だけのものになりがちである。

地域文化機関に向けて

要するに筆者が言いたいのは、直営でしかできないサービスの重要性を主張したいなら、量的評価になじみやすい貸出しサービスばかりを重視する考え方から脱却する必要があるということである。司書が地域において、様々な機関や関係者とネットワークをつくり、資料や情報を収集し、サービスを企画し、専門的な情報を提供することで、専門性の根拠が生まれると考える。

教育文化施設に現在のような行政評価の物差しをあてはめる愚についていずれ見直しがくるだろう。だが公共経営の合理化、効率化の圧力は今後ずっと続くはずである。そのときに貸出しサービス論を繰り返すだけではその圧力に耐えられないことは明らかである。(10) 他方、見直しの時期がきたときに図書館が相変わらず貸出しサービスの場にすぎないとの評価が続くのであれば、他の文化施設の動きから置いていかれるだけのことになる。博物館、美術館、文化ホールなどで専門性を重視する動きが急であるが、これらの機関では主題的な専門性を最初から重視している。図書館はそうした地域的な文化機関の横の関係において位置づけを主張するためにも自らの専門性の足元を見直さなければならない(11)。

コラム8　いわきの図書館はどうなったか――駅前再開発と図書館

コラム1～7までは、いわき市で新しい図書館の建設が始まるという話があったので、地元のかたに読んでもらおうと当該地域のローカル紙『いわき民報』に掲載してもらったものである。コラムを完結させる意味で、いわき市立図書館についての概要を説明しその後、新総合図書館建設がどうなったのかについて記述しておきたい。

背　景

コラム1～7でたびたび触れているように、いわきという地域は文化的な土壌がしっかりあるところではない。同じ福島県内でも、会津若松や白河、二本松は江戸の城下町としての文化的伝統を生かしながら発展してきたし、福島は小さな城下町ではあったが近代以降は県都として発展し、郡山は交通の要衝であることから商業都市として発展した。それらと違って、いわきは江戸時代には小さな城下町（磐城平藩）以外は農村・漁村が点在していたにすぎず、明治以降に常磐炭田の開発によって急激に開かれたところである。炭鉱開発とそれに伴う臨海工業によって人口が急増した。炭鉱は鉱脈に沿って掘り進められるのでいくつもの小都市が発展したが、一九六六年に五市九町村が合併していわき市ができた。現在いわき駅がある旧城下町の平地区が行政や商業の中心ではあるが、市域が広く全体に分散的な構造をもっている。

一九七〇年代以降の産業構造の変化で石炭産業はすでになく、全国的な地域経済の衰退の波をかぶり、最近はあまり明るいニュースはなかった。商業的にも地元商店街は疲弊している。新しい総合型図書館を駅前の再開発ビルにつくるという案はそういうところから出てきたものである。

つくられる過程では市民団体である「いわきの図書館を大きくする会」が重要な役割を果たした。それ以前にあった五つの図書館は公民館等の公共施設との複合施設であり、とくに一九七五年に建設された文化センターに併設された旧中央図書館は三〇万人都市の図書館としては貧弱であったから、会は長らくその規模にふさわしい中央図書館を大きくする陳情や運動を行っていた。どちらかという図書館の規模の発展を目標にしていたといえる。

「いわき市総合型図書館の基本構想」が作られ始めるのは二〇〇〇年代になってからである。最初の構想では、新しい総合型図書館は旧市街ではなく、旧五市の中間的な地点で、開発が進んでいた大規模ニュータウンに隣接したところに「二一世紀の森公園」をつくりここに他の文化施設や運動施設とともに位置づけるものだった。車社会になっている広域都市の交通的な中心につくったほうがアクセスしやすいという判断だったものと思われる。しかしながら、これを実現する過程で、地域経済のさらなる悪化や市長の交代などの背景のもとにトップの判断でいわき駅前再開発の拠点となるビル（ラトブ）を建設し、その四階と五階に「総合図書館」を入れることになり、これが二〇〇七年一〇月に開館した。

新図書館と新芸術文化交流館　新いわき総合図書館は、自動出納書庫を備え全部で一〇〇万冊の資料を所蔵可能で二層で八六〇〇平方メートルある大規模図書館である。現在他に公民館併設の地域館が五館あるが、総合図書館の新設により、旧図書館の職員は館長を除いてここに集められ、地域館の館長は公民館長と兼務でほかは業務委託によって処理されることになった。つまり、直営の正規職員二三名（うち司書有資格者一四名）と嘱託職員、委託職員により集中的に管理する総合図書館と、実質的な業務委託による地域館という組み合わせになる。

興味深いのは、同じ頃に老朽化した市民会館を建て替えるプランが進み、少々遅れて二〇〇九年五月にいわき芸術文化交流館アリオスが平地区の文化ゾーンに建てられたことである。大ホールと中劇場、小ホールをもつ大規模施設の建設はPFI方式で進められ事業運営は直営である。開館後は、その名のとおりの芸術文化交流施設の運営理念を掲げたアートセンターとして、専門的な職員を置きハコものにしない努力が続けられている。通常、建設がPFIであれば運営もPFIにすることが多いが、ここはそうせずに市の正規職員が総務や施設管理を行い、嘱託職員が音楽・演劇のプロデュース、イベント企画、マーケティング、照明や音響などのサービスについて専門的な業務を行うとしている(12)。

財政危機が叫ばれる状況のなかで二つの大型教育文化施設がつくられたことは興味深い。それも安易な民営化によりかからずハコだけでなく、中身についても自らのアイディアと知恵をもって運営していこうという態度も好ましい。合併後四五年間、ぜいたくな施設建設に頼らず、官民ともに地道に文化的環境の醸成に努めてきた成果であるとも言える。地方都市が中央依存から解かれるためには、何よりも文化的な独立が求められる。単に商業的に流通する資料を借りるのではなく、自らが文化的な発信者となるための仕掛けを用意する図書館、有名オーケストラや演奏家、人気タレントのコンサートの誘致の場だけでなく、市民自らが文化イベントを立ち上げる拠点となる仕掛けを用意する文化ホールが課題になっている。そうした選択をしたことに、地方公共団体の成熟を感じる。

だからこそ、どのような運営がされているかが問われるのである。

新図書館の現状

開館した図書館は一階から三階までは商業スペースで

あるビルの四階に文学・芸術、歴史・地理、児童書、視聴覚資料などの一般資料を置き、五階にそれ以外の主題別の専門書を置くという分担となっており、広々して使いやすい。閲覧席も多数あるだけでなく、インターネットへのアクセス席、ＤＶＤやＣＤの視聴席、グループ学習室や対面朗読室などの施設面でも充実している。

新しいサービス体制にはどのように取り組もうとしているのだろうか。設置の経緯が似ている静岡市の御幸町図書館の事例などを参考にしながらビジネス支援サービスに積極的に取り組もうとしていた(13)。ビジネス関係資料や新聞記事やビジネス関係のデータベースを並べたコーナーを四階に設けている。同じ建物には商工会議所や産業創造館という名の地域産業振興のための施設が入居しているので、ビジネス支援サービスのための連携をしやすい状況がある。

また、地域資料サービスにも力を入れ、「いわき地域資料調べ方案内（パスファインダー）」を作成したり、地域資料に基づく展示会（例えば「絵はがきの中の「いわき」」）を年に数回開催し、出版物を発行したりしている。初代館長が地元で有数の郷土史研究者で多数の著書を出し、自ら図書館のヘビーユーザーであると任じている人物が務めていたことも、地域資料サービスの展開に寄与したことは確かである。

一方、図書館については駅前再開発による集客施設としての役割も期待されている。商業施設のなかにあるので、開館時間が午前一〇時から午後九時まで、開館日が年間三五〇日ときわめて長いことが特徴である。二〇〇九年度の一日平均入場者数が三〇〇一人で、土曜・日曜日の多いときは四〇〇〇人が来館する。貸出し点数は会館前の中央図書館が四四万点であったのに対して新総合図書館になってからの昨年度は一一七万点と三倍近くになっている。

だが、このような利用の量的増大についてどのように対応するかは難しい問題を含んでいる。ほとんど毎日開館している状況に対して、職員はシフト制で対応しているとは言え、職員が一堂に会して議論することがなかなかできず、チームワークや職員研修といった職場環境づくりの観点からはあまりよい状況ではない。また、前記のような新しいサービスが着手されたことは確かであるが、日常業務の処理に追われているなかでどのように展開していくのかが課題であろう。

このことは本書の課題で言えば、図書館計画において駅前再開発に図書館が動員されるということ自体が、閲覧や貸出しといった従来型のサービスをひとまず提供することで、図書館が人が集まる施設であるという命題の忠実な実現が期待されていたことを意味する。ビジネス支援や地域資料サービスは、そうした行政的な視点からは必ずしも直接的に期待されていたわけではない。今そうしたサービスをどのように展開するのかが問われている。

先ほど述べたように初代館長が郷土史の専門家だったことで図書館サービスに専門的な深みが加わったことは確かである。しかしながら、二年半務めた後の二〇一〇年四月に転出し新しい館長が就任した。トップが代わることでサービス内容に大きな変化があってはならない。最初に設定したサービス水準は保持しながらさらなる展開が要求されている。

その課題は、芸術文化交流館とも共通するものであり、両者は文化施設としてライバル視される存在であろう。もちろん文化施設といっても目的の利用者もサービスの手法もかなり違うのであるが、一方は司書を含めた正規職員が中心になって運営され、他方は嘱託職員が運営の中心になっているとするとき、今後、両者の業績がどのように評価されていくのかに注目したい。

第9章　公共図書館学とポスト福祉国家型サービス論

1　『図書館戦争』の背景

「図書館の自由に関する宣言」

二〇〇八年四月からテレビの深夜枠でアニメ化されて放送も始まった有川浩『図書館戦争』四部作は、二〇世紀後半の公共図書館運動のもう一つの帰結を物語化したものである(1)。物語は、国家的な検閲に対抗して図書館の自由を守るための自警的な軍隊が整備され、国家対図書館の内戦が日常になっているという状況設定のもとに進められる。そのなかで、図書館員となって検閲と戦う女性主人公のラブコメ風成長物語が展開する。

著者がこれを書くのにヒントにした「図書館の自由に関する宣言」（一九五四年、一九七九年改訂）は、戦前戦中までの思想統制状況と戦後の冷戦状況における思想対立に対して「知的自由」という大義名分を掲げて図書館がいずれにも与しないことを高らかに宣言したものであった。「自由の宣言」の最後の主文「図書館の自由が侵されるとき、われわれは団結して、あくまで自由を守る」は、戦うことも辞さない強い意思が感じられ、部外者にこのような物語を書かせるきっかけになったのもうなずける。国家に対抗する図書館という図式は、ある時期までの図書館員の意識に潜在させていたものであったが、有川はこれを物語として顕在化させて見せたのである。

戦後図書館サービスのモデル

他方、現在の公共図書館の経営をめぐる状況について、図書館関係者の多くは防戦一方という自己認識をもっている。資料費削減、非正規雇用職員の増加、サービスの外部委託、指定管理者制度やＰＦＩの導入などなどである。だが、こうした状況に対して図書館が外部環境の変化に適応していくための経営改善のプロセスであるとして肯定的に見る見方もあるだろう。筆者には、図書館の自由の理念の高さと最近の経営問題は連続的に連なっているように見える。それは、戦後の公共図書館が、図書館法と「図書館の自由に関する宣言」を二つの理念的な柱として出発したときから、司書資格をもった正規職員が資料提供を行うというサービスモデルの追求が始まり、今、その理念と現実のギャップがはっきりしてきたと考えるからである。

本章は、このモデルの形成と展開についてラフなスケッチしたものである。公共図書館という社会的な構成物は必ずしも日本に固有なものではなく、明治以降西欧的な制度としてつくられたものであるから、西欧的な制度が日本的な土壌において似ていながらも違ったものとして生長した事情を考察する必要があるだろう。

2　英米の図書館史研究の紹介

英米の図書館史紹介

西欧／日本という対立軸と図書館制度／社会的土壌という対立軸を考え次のような表をつくったときに、最初、西欧と日本は独立に研究されていた（表9－1参照）。西欧といっても、日本の研究者が参照していたのは主に英米の公共図書館史に関する研究である。米国においてすでに古典になっているディツィオンやシェラの研究は、同じく英国で古典になっているマリソンやケリーの研究とともにＷⅠを描きながら十分にＷⅡを踏まえようとしていた[2]。当然のごとくＷⅠとＷⅡの関係については、様々な解釈が存在してくる。そして米国では、ハリスやギャリソン、ヴィーガンドがリビジョニストの立場からシェラやディッツィオンが描いた歴史に新しい解釈を付け加えたことは知られている[3]。また、同様に英国ではブラックの歴史研究は後進の研究者としてリビジョニズムの立場に立つことになった[4]。その後、歴史解釈のみならず、現代的な図書館機能に対する文化政治学的な分析も行われるようになっている[5]。

近年は日本でもそうした著作の積極的な紹介が見られるようになった。英米の研究状況を紹介するスピードが上がり、リアルタイムであちらの研究に触れることができるようになったのは個人的にはたいへんありがたい。だが、いつも思うのはこうした紹介の読者は誰なのかということである。筆者がかかわったものも含めて、あちらの

表9－1　概念枠組み

	西欧	日本
図書館制度	ＷⅠ	ＪⅠ
社会的土壌	ＷⅡ	ＪⅡ

第一線の研究を紹介したところで、それを通読して翻訳者の意図に沿った理解をし、さらにそれを日本での研究に生かしてくれている読者は何人いるのだろうか。

図書館学の翻訳書

なぜそう考えるかといえば、同じことが外国の図書館関係著作について過去何度も繰り返されているからである。例えばランガナタンの『図書館学の五法則』はたいへん有名であり、今でも参照されることがある。彼の思想をきちんと理解しようとして、一九八一年に原著改訂版の翻訳が日本図書館協会から刊行された。しかしながら、これはかなり以前から版元品切れになっている。現在参照されるのはあの五カ条の文言だけであり、それを導いた彼自身の理論はほとんど読まれていない(6)。ランガナタンでさえそうであるから、同じころに日本に翻訳紹介されたアメリカ図書館学の理論書であるバトラーの『図書館学序説』とシェラの『図書館の社会学的基盤』、ドイツのさらに難解な理論書カールシュテット『図書館社会学』は同じ運命をたどっており、すでにほとんど忘れられつつある存在である(7)。図書館に関する研究書は図書館がその公的費用で購入する傾向があるから出版しやすいのであり、まして通常きわめて厳しいと言われる翻訳書の出版が成り立つほどの読み手の市場がもともとあるわけではない。翻訳紹介されても未消化のままに終わった例は枚挙にいとまがない。

3　外国の図書館状況との比較

これまで外国研究は、日本で該当事項を発展させるのに参考にするために行われると考えられてきた。このことについて筆者の経験に基づいて少し述べておきたい。二〇〇四年から二カ年にわたって文部科学省で公立図書館政策を進めるために有識者の意見を聴取する目的で「これからの図書館の在り方検討協力者会議」が組織され、二〇〇六年三月に「これからの図書館像」という報告書を出して解散した。これは今後の図書館サービスの指針として、現在様々なところで参照されている(8)。

筆者はこの会議の委員の一人として参加した。会議の冒頭で文科省の担当者から議論の参考に資するためにいくつかの調査を同時に進めるとの説明があり、そのなかに「海外の図書館の状況調査」というのがあった。そこでの説明は次のようである。

諸外国の図書館については、その成り立ちや果たしている役割、さらには社会的な制度が図書館によって多種多様である。一般住民の利用する公共図書館サービスも同様である。我が国の公共図書館は、諸外国と比べて、非常に遅れているということがいわれているが、まず、我が国の公共図書館サービスのどのような点が、どの国々に比べて遅れているのか、あるいは進んでいるのか、できるだけ客観的なデータで、明らかにしたい(9)。

筆者の個人的関心からこの調査はたいへん貴重でありぜひ議論に生かしたいと考え、「調査研究のまとめが今年度末とあるが、結果を議論に使えるように報告いただきたい。」旨の発言をした。[10] しかしながら、この調査の報告書が委員に配布されたのは会議が終わったあとで、会議において参考にされることはなかった。[11]

報告では一〇カ国の公共図書館制度が概説されている。大学院生による文献調査を中心しているなどの限界はあるにせよ、かつてない総合的な外国図書館調査で有益なまとめになっているといえる。そうした貴重な資料が直接会議の議論に生かせなかったわけだが、そもそも、単年度ごとの会計制度のもとでこのような大規模な調査を完結させるのは困難で、これは最初から予想された結果であったかもしれない。会議の議論には生かせなくとも、その後の図書館政策研究に生かせればよいという考え方もあるだろう。しかしながら、NIIのNACSIS-Webcatを見ても本報告書は五館で所蔵されているにすぎず、一般に流通している様子はない。Web版は文科省のサイトに置いてあるがきわめて深いところにあってほとんど知られていない。[12] この報告が引き金になって外国と日本の図書館の違いについて本格的に議論されたとは聞かない。

外国との比較の困難さ

ところでこの調査から、日本の図書館が外国の図書館と比較して「遅れているのか、進んでいるか」という当初の問題関心の解答は得られたのであろうか。この調査は各国の図書館法制、行政から資料、サービス、職員に至るきわめて多様な項目を、統計数字を中心に分析している。これは報告書の最後に大きな表として提示されており、その意味で日本がどの項目においてすぐれているのかについて概略は把握できるようになっている。例えば日本は図書館の数は多くはないが一館の規模が大きくまた資料の貸出し利用も多いといった特徴を読み取ることもできる。

しかしながら、この報告書では先の問いの解答を自ら出すことまでは行っていない。一覧されているデータからは発展の程度を示すことは事実上不可能なのである。まず、図書館の定義が国によってかなり異なる。例えばドイツの公共図書館数は一万を超え日本の三倍以上になるが、そこにはキリスト教会に付設された図書館が四割程度含まれる。公立図書館の多くはきわめて小規模である。他方、日本でも数千の施設がある公民館図書室には公立図書館と呼んで遜色のないものも少なくないが、建設の際の財源や行政上の管轄の点で設置条例上図書館扱いされていない(13)。このように、それぞれの国の統計数値の根拠がきわめてあやふやであるため、比較してもあまり意味がない場合が多い。

また、データとして、図書館数、資料貸出しを受けた利用者数、資料の貸出し数、図書館員数など計測可能なものしか得られず、これらの数字を人口や自治体数と比較した数値で比較するほかない。これらの量的データは図書館の発展のある部分を示すものではあろうが、「発展」の度合いと言えるかどうかについては議論がある。

それ以前に、公共図書館が諸外国に比べて進んでいるのかどうかという見方そのものに変更が必要になっている。つまり、先ほどの表でいえば、外国の図書館（WⅠ）と日本の図書館（JⅠ）の優劣あるいは発展の度合いを比較できるのは、それぞれの社会的な土壌（WⅡとJⅡ）に共通な点がある場合であるが、そこに文化や歴史の異質性をどの程度認めるかで見方は大きく変わるからである。

4　質的な評価指標

量的評価の限界

教育文化政策において質的な評価が必要なときに、それを量的なデータで代替して行おうとすれば様々な問題が起こる。例えば、近年日本の学力低下論の根拠として国際的な学力調査が引き合いに出されることが多い。ＯＥＣＤが発表したＰＩＳＡ二〇〇三やＰＩＳＡ二〇〇六の結果で日本の子どもたちの読解リテラシーや科学リテラシーの順位が低下したことが繰り返し伝えられている。しかしながら、ＰＩＳＡは日本でこれまで一般的に学力とされてきた学習内容の達成度をはかる試験ではなく、学んだ内容から自らの次の行動を定める力を測る応用力試験であることから、達成度そのものの向上を求める議論とのずれは大きいものがある。(14) 国際的な教育改革の課題と国内的な教育改革の議論水準にずれが生じているのである。

図書館の議論も似ている。日本では図書館の数は少ないが一つの図書館の規模が大きく貸出し利用数が多いという特徴があった。言葉を換えれば貸出しの効率がよいことを意味する。これは筆者がかねてから指摘してきたように、一九七〇年代以降の図書館運営の基本的な考え方が貸出しサービスを軸にして最適化を求めるものだったからである。(15) 世界的にみて、公共図書館サービスが盛んと言われるのはアングロサクソン系の国々と北欧の国々であるが、日本の図書館の貸出し数のレベルはすでにヨーロッパ大陸諸国を抜いて、日本の図書館が仮想的なモデルとしてきた英国の水準に追いつこうとしている。(16)

質的評価への変化

だが、図書館を住民一人当たりの貸出し数で評価することそのものが国際的な慣行とは一致していない。確かにこれは一つの指標であるが、図書館サービスが貸出し数のようにサービスのアウトプットの一つに過ぎないものだけで評価されるべきではないという考え方から、最近になって国際標準規格ISOで図書館のパフォーマンス指標が定められ、多様なサービスの様態を示す指標（アウトプット指標）とこれを利用者の側から評価した指標（アウトカム指標）により構成されるようになった(17)。また、質的な評価方法についての議論が高まっている(18)。ようやく日本の図書館界でもサービスの質を真剣に問う状況が現われ始めているのである。先の報告書にあった基本的な問いについて解答が留保されざるをえなかったのは、このような質的な評価と比較をするための方法が十分に普及しておらず、そのためのデータが国内的にも国際的にも整備されていないからである。

5　図書館関係者の自画像

森耕一『図書館の話』

日本の図書館政策における外国との比較がどのような意味をもつのかという問題は未解決のままである。この問題を図書館関係者の自己分析を検討することで考えてみたい。一九八〇年代までの日本の図書館研究のかなりのものが外国の図書館制度や思想を文献に基づいて研究するものであり、そのために重要な著作の翻訳も行われた(19)。しかしながらそうした研究書や翻訳書が一部の専門の研究者以外に読まれることはあまりなかった。むしろ、それらに基づいて書かれた啓蒙的な著作が読まれてきた。例えば森耕一『図書館の話』（至誠堂新書）は一九六六年に初版が発行されたあと三回改訂されて第四版が一九八一年に刊行された。日本の出版慣行上一五年間にわたって改訂され続ける例は珍しい[20]。森は、古代オリエントの出土品による図書館遺跡の紹介から始まって、古代アレクサンドリア図書館や中世の修道院図書館、そして絶対王政下の貴族図書館、近代の学術コミュニケーション、そして近代公共図書館の成立に至るまでの「図書館史」の総体を描き出した。こういう描き方は外国でも一般的で例えば最近翻訳が出たバトルズ『図書館の興亡』でも踏襲されている[21]。また、司書講習科目に「図書及び図書館史」が含まれており、その教科書の多くはそうした記述スタイルをとっている。森は一九八六年に『近代図書館の歩み』（至誠堂選書）を発表しているが、これは同氏が大学に移ってから行った英米公共図書館史研究の要約版で対象はかなり絞り込まれている[22]。

森は、ギリシア・ローマの古典古代から中世を経て近代に到る展開のなかで、図書館は西欧の近代化あるいは市民社会の形成において欠くことができない重要な役割を果たしたという観点で図書館を描いた。その典型は、英米で一九世紀中頃に制度化が始まった公共図書館であり、またそれを支える図書館員養成制度や図書館団体の活動であったとしている。そして、日本の第二次大戦以降の歴史においては図書館法の成立による行政的な仕掛けよりも、読書運動や家庭文庫運動などを積極的に紹介し、これらの動きが公立図書館設置への胎動を示しているという書き方をしている。

森・石井・前川の歴史観

ところが、ちょうどこの本の改訂版が刊行された後の一九七〇年代に、公共図書館は社会的な注目を集めるようになり、その変化に合わせて、第三版（一九七八年）においてこの章が大きく書き直された。彼自身が推進者の一人となった資料提供論に基づく記述が展開される。しかしながら第四版（一九八一年）は第4章を含めて第三版とほとんど違いはなくなり、基本的な変化は一九七〇年代でほぼ終わったかのような印象を与えている。『近代図書館の歩み』では日本の図書館のことは他に適切な解説が多くあるから、触れないとされている。(23) もちろん同時代的な動きに対して歴史記述と同じ筆致で評価することはできないにしても、森は一九六〇年代後半以降の日本の図書館運動に対して英米的な図書館の状況にようやく追いつきつつあるという認識を示したと言えるだろう。

もう一つ重要な役割を果たした啓蒙書が、石井敦・前川恒雄『図書館の発見』（NHKブックス）であった。(24) こちらは日本の図書館史の記述をベースにして、一九七〇年代以降の新しい図書館状況について述べたものである。この本では日本の近代化を中央集権的な政府の殖産興業政策と教育文化統制に対抗する市民の読書運動を軸にして描き、図書館はそのはざまにあった様子を描き出した。これは著者のひとり石井敦の歴史観であり、(25) そこでは、公共図書館が自由民権運動や各地での市民による自発的な図書館づくりなどによる下からの運動によってつくられた側面が強いが、昭和になると国による統制が強まったという見方が提示されている。石井・前川『図書館の発見』の前半の歴史部分はこれを通史的に述べたものであった。

外国を扱った森とは一見異なる議論に見えるが、公共図書館を要求した西欧近代市民社会を描く森と、そうしなかった日本の近代化を批判するところで石井は共通し、前川も含めて、日本の図書館の受容については進歩史観を採用している。日本が経済発展において世界的な先進国になったように、図書館も英米に遅れはしたが少しずつ追いつきつつあるとし、その原動力は図書館を要求する住民であったというところで共通した思想が見られる。また、一九六〇年代以降の新しい図書館を推進させる当事者となるところで三者は共通している。

図書館運動の視点

この見方はその後も多くの図書館関係の書物に継承されてきた。例えば小川徹、奥泉和久、小黒浩司共著による『公共図書館サービス・運動の歴史』を見てみよう[26]。戦後の日本図書館史研究は、個別図書館史や図書館関係団体を中心とした歴史、また最近の旧植民地の図書館史などに見るべきものがあるが、図書館史学としてのディシプリンを形成するほどの質的量的な蓄積はなく、総じて低調というほかない。そういうなかで本書は、序文で通史ではないと断っているにもかかわらず貴重な通史的試みである。

通史は貫く歴史観が問われる。本書はそのタイトルに「サービス・運動」とあり、「図書館実践シリーズ」の一巻であることからわかるように、図書館現場の運動論的なサービス論の系譜をまとめたものである。「運動」とは、社会運動、労働運動、学生運動といった用語に見られるように、「支配体制」に対抗する大衆や労働者、学生など「被支配」的な人々による新しい組織や制度をつくりだすための働きかけのことを指し、かつては主としてマルクス主義的な立場を基にしてその方法が論じられた。

日本図書館協会を中心とする公共図書館界も、文部省との関係が深かった有山崧、叶沢清介両事務局長時代のあとの一九七〇年代以降は、『市民の図書館』の考え方に基づいて住民の「知る権利」を保障する「資料提供」という理念を定着させることにより、独自路線を歩み始めた。一九七〇年代から八〇年代は、資料貸出しを徹底的に行うことにより、図書館のサービスポイントを増やし、これにより公立図書館制度を確立させるという「下から」のサービス・運動の考え方がつくられる時期であった。この考え方は、当時の図書館づくり住民運動、図書館職員の労働運動などと結びつき、「革新政党」(特に日本共産党や公明党) の支持を受けるなど、既成の図書館行政や図書館政策に対抗する「理論」として機能したと言える。本書が拠って立つ「サービス・運動」の考え方はここにある。

本書は、この運動のルーツとして最近研究が進んでいる江戸期のリテラシーの高さなどの社会状況と結び付けながら論じているところに新しさがあると言えるだろう。しかし、森、石井らと同様に、近代が市民の資料要求にこたえる図書館サービスの実践と国の統制や行政的無関心とのせめぎ合いの歴史であり、現代に至って花開いたという視点を保持している。

この視点の特徴を大雑把にまとめると次のようになる。

(1)戦前において、日本政府とくに文部省は基本的に集権国家的な教育統制あるいは言論統制を行う機関であった。
(2)それに対して市民あるいは住民は知る自由を保障するための機関として公共図書館を要求した。
(3)戦後改革において(1)の性格は弱まり、図書館法によって(2)の基盤はつくられた。

(4) 一九五五年体制成立後、戦後教育政策の見直しから、図書館については逆行する動きになった。

(5) これに対して図書館関係者は下からの「運動」を探り、「中小レポート」(一九六三年)、最終的に「市民の図書館年」(一九七〇年)によって資料提供を中心とするサービス方針を確立した。

(6) 一九八〇年代以降はこの方針に沿って資料提供サービスが展開している。

6　ポスト福祉国家型図書館とは何か

福祉国家と図書館サービス

この視点のなかで(5)(6)の一九六〇年代以降の資料提供サービスを本章では、ポスト福祉国家型図書館サービスと呼ぶことにしたい。福祉国家とは国家が国民生活のかなりの部分について負担をする「大きな政府」を抱えていることが特徴である。日本の福祉国家化は一九七三年を福祉元年として七〇年代に急速に進んだ。六〇年代の高度経済成長は日本の工業化・都市化を進め、従来の農村型の大家族主義では立ち行かなくなり、核家族を前提とした福祉体制が要求され、それは経済成長後の国家財政にとって負担することが可能だったのである。

福祉とは狭義には年金、健康保険や生活保護などの社会保障制度を指すが、広義には国民生活全般の向上のための方策を指す。その意味で本来図書館も含めた公的負担に基づく教育文化制度は重要な国民福祉の領域である。だが、日本の教育政策が学校教育中心であることはつとに知られており、学校への財政負担は福祉国家化以前から義務教育費の国庫負担に見られるように実現していた。それに対して、社会教育への国家的な関与は戦後の公民館建設および一九七〇年代の公民館建設補助、そして一九九〇年代の生涯学習政策に基づく生涯学習センター建設補助などに見られたが、図書館や博物館に対しては比較的に薄い財政支援しか行われていない[27]。

アメリカでもイギリスでも、一九世紀後半から二〇世紀前半までは図書館設置は個々の自治体の任意行政として行われた。これが国の隅々まで行きわたるのは、イギリスでは福祉国家政策のなかで一九六四年に公共図書館・博物館法（Public Libraries and Museums Act）が成立して図書館設置が義務づけられてからである。アメリカでは、スプートニクショック後の連邦政府の一連の教育改革のなかで一九六四年に図書館サービス建設法（Library Services and Construction Act）が成立して、図書館未設置地域解消のために多額の連邦資金が投入された。

日本の図書館政策

日本では、これに類する国家推進型の図書館政策は一度もとられたことはない。一九九七年まで続いた図書館法に基づく図書館建設資金の一部国庫補助は自治体に対する図書館建設のお墨付きを与えるという意味で効果があったことは確かであろう。また、国の様々な補助金政策は自治体にハコもの施設をつくらせたが、その中には図書館が含まれることもあった。だが、国が図書館づくりのはっきりした政策をもったことは一度もない[28]。

一九八〇年代以降の図書館サービスをポスト福祉国家型サービスと呼ぶのは、日本の図書館サービスが英国や北欧に見られるような福祉国家の枠内に位置づけられないままに、あるいは、義務教育制度や社会保障制度のように国の政策に位置づけられないままに、住民から地方自治体に要求されそれに対応してある程度の実現をみたことに基づく。日本では、福祉国家的政策から新自由主義的な政策への切り替えは一九八二年の中曽根政権発足後に進むが、公共図書館の発展は量的には一九七〇年代に始まり八〇年代を経て、現在に至るまで続いている。

7　知識の社会保障機関

欧米との比較

ここで三つの疑問が生じる。第一には英米北欧のような国では国家行政の枠組みのなかに図書館が位置づけられたが、なぜ日本はそうならなかったのかという疑問である。第二に、日本の公共図書館は国家的な政策に位置づけられないままに、なぜ量的な発展が可能だったのかという疑問である。第三に、福祉国家の枠組みに位置づけられない図書館とはいかなるものかという疑問である。いずれも大きな研究課題であり簡単には解答を見いだせないが、見通しだけでもつけておきたい。

まず、第一の外国との比較における社会と図書館の関係についてである。これは、先の概念枠組み（表9-1）のJⅠとJⅡの関係を明らかにすることである。これについて、森耕一は『図書館の話』改訂版（一九六九年）において興味深い考察をしている。先に述べたように、同書第三版（一九七八年）以降ではここがまったく書き変えられてしまうので、新しい道に完全に踏み出す前の時期の見方として着目したい。

彼は欧米諸国と日本の出版状況、読書習慣と公共図書館の設置状況を比較し、国民一人当たりの出版量や読書量については欧米諸国と大差ないのに、図書館の設置がきわめて少ないこと、そして本の入手方法として「買って読む」割合が多く、図書館は頼られていないことを明らかにしている。(29) その理由についてまず「東洋人の書物に対する物神崇拝性」があるかもしれないという仮説を立てる。これは、書物が先哲の教えそのものであるとし、これを大事に取り扱い読書を修行のようにとらえようとする態度である。ここから書物を購入して自分のものにすることの重要性が生まれる。これは日本人の書物観を端的に表現したものとして評価できる。

しかしながら、そういうとらえ方はこれまでのものであり、今後は変わっていくものと彼は述べる。その根拠として、まずようやく都市において公共図書館要求の声を身近に耳にするようになったことを挙げる。さらに北欧や英米の公共図書館が盛んな国における都市の自治意識やプロテスタント的な文化伝統、そして市民の権利意識といったものを検討し、そうしたものに欠けている日本では公共図書館に対する要求はないのかと問うたうえで、彼が同書の初版（一九六六年）で「図書館は、知識の社会保障制度である」と書いたことについて次のように述べている。

私はそこに二つの意味を込めたつもりでした。図書館は、「知る権利を社会的に保障する、保障しなければならない」という素直な意味と、日本における社会保障は欧米の先進国に比していちじるしく遅れているが、日本の図書館の立ち遅れていることも、「社会保障」と同様だという多少の皮肉を込めていました。(30)

ここにランガナタンの監訳者となりメルビル・デューイを研究した森のプラグマティストたる思想が示されている。つまり、彼は彼我の宗教や文化、社会意識の差は知識の社会保障という政策的概念で埋められると理解していたのである。

実際、その後に起こったことは森が予想した通りであった。社会保障とは病気、失業、労働災害、老齢化などの事態に備えて、公的基金で一定の生活を保証するための制度のことである。彼は芸術鑑賞やレクリエーションも含めて「精神の健康に対する社会保障」と言い直しているのであるが、公共図書館とはどんなところに住んでいても一定レベルの精神の健康が保てるように公的に設置された機関ということになる。そして、この意味での「保障機関」が全国に澎湃として設置されていくことになる。

資料提供機関の戦略

次になぜこれが国家的な福祉制度の枠組みに入らなくとも、増えていったのかという第二の疑問に移る。これはまさに森の言う「保障機関」、一般には「資料提供機関」と呼ばれる戦略が功を奏したというべきであろう。学校のように法的にがんじがらめになり内容的にも学習指導要領で規定されている機関であれば動かすものは行政であり政策ということになる。しかしながら、図書館は国から見るとなんら設置が法的に義務づけられているわけでもない一社会教育施設あるいは公の施設にすぎない。しかしながら資料提供機関の利用者である住民からみれば、ここはそれぞれの目的によって自由に利用可能な新しい公共施設に見えたのである。国家的な社会福祉の枠組みには入らないが、知識あるいは精神の健康の社会保障というコンセプトは利用者からは魅力的であった。だから、利用者、支持者は増えていき、これが地方公共団体の担当者や議会にアピールして数がどんどん増えていったということである。

これを考えるためには、二つの要因を検討しておかなくてはならない。一つは一九六〇年代の経済成長重視の一〇年を経てその反省に立ってようやく生活者重視の行政的視点が生まれたことである。社会福祉や環境問題への対応もそうした一環であったが、地域における生活レベルを向上させることを目的に様々なハコもの施設がつくられたのもこの時期である。施設利用を中心とする一般のハコものに対して、図書館は知識や精神的な世界と結びつく資料を提供することでほかのものと一線を画し、その点で支持を得たということができる。

もう一つはその裏返しになるが、生活者は同時に消費者であることに関わる。この時期は市場経済が生活者の多様なニーズに対応して拡大した時期である。「消費は美徳」はこの時期の合い言葉であった。出版物だけについていっても、教養主義的な出版からエンターテインメント的な出版への転換が急速に進んだ。図書館はそうした消費ニーズに対応することができた。なぜなら、図書館は知識や精神衛生の保障機関なのであるから、利用者が要求する知識水準・精神水準のものを提供することが求められたからである。住民は「知る権利」をもつという仮定的な理論がその背後に置かれる。(31)と同時にかつての教養主義が崩壊するにつれて、市場原理が席巻し利用者が要求するものは消費主義あるいは商業主義的なものにシフトしていった。これは目的をもって何かを伝えようとする教育機関ではなく保障機関と自らを位置づけたときに当然行き着く帰結だったと思われる。

専門職の不在

第三の疑問は、ポスト福祉国家型図書館の特性についてである。まず、知識を運ぶ公共施設ではあってもそのこと自体は消費原理、商業原理と一体的に運営されているから、英米や北欧のようにそれを運営する専門職への要求は生じなかった。利用者は店で商品を選ぶように施設や資料を利用するが、職員サービスはそれに付随するにすぎないものだったからである。もちろん、店員がもつ商品知識と同程度の資料や施設についての知識が要求されるわけだが、それ以上のものではない。商店であれば商品知識の費用は商品価格に転嫁できるが、無料の図書館サービスはそれができず、提供側のインセンティブに結びつかない。だから、図書館関係者が再三繰り返して必要性を説いたレファレンス・サービスはなかなか定着しない。

公共サービスは市場と棲み分けながら展開されるが、新自由主義的な状況のなかでは図書館サービスは他のハコもの施設と同じ手法しか採用できず、利用者からも自分で購入する本を入手する書店と無料で借りられる本を提供する図書館は使い分けの対象であった。

ここにポスト福祉国家型図書館モデルが変質を余儀なくされる理由がある。

8　ポスト福祉国家型図書館モデルの帰結

パブリック・ライブラリアンシップ

筆者は一九九三年にパンジトア『公共図書館の運営原理』という本の翻訳出版に携わった。[32] この本はアメリカの公共図書館における理念や歴史、経営管理、サービスの実際、そして新しい課題についてまとめたものである。従来の概説書と違い、これまでの議論の過程を整理したものであることが特徴であった。最近、この本にヒントを得て日本の図書館について同じような手法でアプローチした、田村俊作・小川俊彦編著『公共図書館の論点整理』が出た(33)。原著と日本での出版の間に二〇年近い月日があるが、いずれも過渡期における図書館の在り方について論じている点で共通する。だが両者を比較するとその違いも明確になる。

パンジトアの本の原書名は『*Public Librarianship ; an Issue-oriented Approach*』というものであるが、これを「運営原理」と訳したのは、この本が一九世紀中頃のアメリカ公共図書館の歴史や理念から出発して執筆時点までを〝パブリック・ライブラリアンシップ〟という公共サービス概念で整理していて、まさにこの部分が「運営原理」と呼ぶのにふさわしいと感じられたからである。もちろん、この原理を揺るがす様々な新しい動き（経営計画や経営評価の導入、利用者の多様化、利用料金制の導入、情報化など）はあるにしても、自治体の経費で図書館専門職によって運営され原則無料であらゆる人をサービス対象にした図書館という点について変化はない。

主流派言説への批判

しかしながら、日本では運営原理は揺れ動いている。田村・小川の編著は入念な文献調査を行うことで、筆者がポスト福祉国家型図書館サービスと呼んだ日本の公共図書館状況にいくつかの原理的な変更が加えられようとしていることを描き出したものである。まず本書では、次の現状認識から出発して

いる。(34)

高度成長に合わせて社会資本の充実を重視した時代は過ぎ去り、今日のわが国では公共支出を抑えることを前提にして公共施設のあり方を考えなければならない。他方、そのような事情は承知しつつも、文化施設の関係者のなかには、住民のニーズや欧米の水準などと引き比べてまだたちおくれているのに、近年の動向はさらに水準を下げる方向にむかっているという認識を持っている人が多い。

本書は「言説のレベルで」様々な課題について論点を整理しようとしたというもので、いずれの論点にも主流派 vs. 批判派の対立がある。前記引用の後者の認識が主流派であり、それに対して論点ごとになぜ批判されるのかの理由を説明しようとしている。本書で取り上げられている事項でいえば、主流派とは貸出しを重視するという意味で「無料貸本屋」的であることを容認し、ビジネス支援サービスのような新しいサービスに対しては警戒的であり、図書館サービスは原則無料であるとし、司書職制度をつくっていこうとし、図書館の委託には原則反対する立場をとる。また、ブックデテクション装置（BDS）は利用者を疑うものであり、自動貸出し機はカウンターでの図書館員と利用者の接点が少なくなるという理由でいずれも置きたくないと考える。もちろん、このような主張をする主流派図書館員など一人もいないかもしれないのだが、言説上の主流派モデルとしては存在しており、むしろそれが独り歩きしているところがあるとも考えられる。

主流派モデルは、自治体の正規職公務員で司書として任命されたものによってカウンターにおいて貸出し業務を中心に実施されるサービスの重要性を主張する。このようなモデルはパンジトアが描いたアメリカのパブリック・ライブラリアンシップとも異なっている。アメリカでは専門職図書館員の要件に終身雇用の公務員であることは含められていないし、その仕事は貸出し業務を中心としたものでもない。きわめて日本的な主流派モデルは、冒頭で触れた国家に対抗する図書館員という考え方と潜在的に結びついて生き延びてきた。本書は、論点整理による批判的なアプローチを通して、この主流派モデルをもとにしたポスト福祉国家型図書館サービスモデルが満身創痍であることを示している文献である。

9　新自由主義下の公共図書館学

公共図書館原理の変遷

一九世紀中頃に英米に生まれた公共図書館は「官による書物の無料公開」に基づく上からの啓蒙というイデオロギーを背景に、公教育システムに組み込まれた生涯学習機関として発展した。しかしながら、日本においては書物による知の公共性は江戸期以来民衆の間で共有され市場的な構造がつくられていたから、公共図書館はむしろ勉学を支援する場所と認識されることが多かった。また明治以降の欧化政策は西欧列強へのキャッチアップをもとにしていたため、特定の書物が翻訳紹介されて商業ルートによって配布されるだけで済んでいた。こうして公共図書館の日本的展開は、ひとつは出版市場の補完物として現れ、もうひとつは居場所として機能することであった。ポスト福祉国家型図書館は、このようなサービスが地方自治体において可能になった高度成長期後の一九七〇年代に立ちあがり、八〇年代から九〇年代において定着した。この時期の図書館が消費主義＝商業主義と親和的だったのは当然のことである。

この時期は新自由主義的な財政再建や行政改革が行われたので、ポスト福祉国家型サービスは支出削減や規制緩和、民間的なサービス手法を試すことになった。多くの図書館で非正規職員を導入して人件費の削減を行った。司書の定期的な採用は実施されず、自治体職員の異動サイクルに組み込まれた。資料購入費は財政のマイナスシーリングによって毎年削減されていった。民間的な手法とは市場における需給コントロールを行うことであるが、利用が原則無料とされる公共図書館では難しく、インターネット接続やデータベース利用に一部有料制が導入された程度である。

図書館無料制の見直し

今、公共図書館学として必要なのは、こうした状況に対して小手先の経営学的な対応することでもなければ、まして資料提供図書館の理念を掲げて新しい状況を批判することでもないだろう[35]。そもそも公共図書館の無料制は、義務教育無料制と同様の一九世紀後半における国家教育基盤形成の動きの一部ととらえられるべきものである。義務教育が近代国家形成原理に組み込まれたように図書館無料制も世界的に普及した。日本においては一九五〇年図書館法でようやく採用され、ポスト福祉国家型図書館のなかにそのまま残された。だが、同様の状況のなかで、ドイツのように無料制の原理を捨てて有料制を導入する国もある[36]。無料制そのものはすでに普遍的な原理と言えなくなっているのかもしれないのである。日本の公共図書館は前記のような歴史文化状況の上に打ち立てた近代公共図書館原理とポスト福祉国家型サービス原理を再度検討して、新しい経営原理を打ち立てる必要があるだろう。

補章　「図書館奉仕」vs.「サービス経済」

1　外国の公共図書館を訪ねて

外国の図書館の特徴

二〇〇八年二月にドイツ、二〇〇九年八月にイタリアとフィンランド、同年一二月にニュージーランドの図書館を訪れる機会をもった。二〇世紀後半の日本の図書館のモデルは英米にあるとされ、これまでそれらの国の図書館を見ることが多かったが、ある時期から日本は独自の道を歩み出しているとの確信をもつようになった。以来、世界各国の図書館の発展パターンを確認し、日本の図書館のありようを考えてみたいと思っている。

これらの国々の最近の図書館に共通した特徴としては、第一に都市空間における文化装置として、アクセス性を向上させ、建物・内装をオープン化し、ユニバーサルデザインを採用するなど利用しやすさと建築に配慮するなどの「場所としての図書館」を強く意識している。これはデジタル図書館に対するアンチテーゼとも言える。

第二に、活字メディアが中心であることには変わりないが、同時に音楽や映像などのマルチメディア化を指向していることが挙げられる。単にCDやDVDを提供しているというのではなく、芸術文化活動への幅広い対応ということである。楽譜や演劇台本を提供していたり、館内が上演・演奏の場になったり、コンピュータによるマルチメディア編集を可能にしたりということも含まれる。

第三に、図書館がパッケージ化された知の提供の場であると同時に、インターネット端末が自由に使えることで、ネット上で流れるフローの知へのアクセスを提供していることである。インターネット端末を館内に多数並べることも普通になっている（写真補－1）。

そして、最後に、カウンター越しに提供される専門的な人的サービスがあることは、以前と変わりがない。図書館員はこうした多様化したサービスの企画者であり仲介者である。

写真補－1　タンペレ市立図書館（著者撮影）

イタリアやドイツのように、かつて資料保存機能を重視し学術専門書提供が中心であった国々でも、市民生活において利用しやすい図書館サービスの構築の方向に向かっている。世界的な景気後退のなかでも、このような公共セクターに属するサービス施設はたくさんの利用者を引き寄せることで都市を活性化させるだけでなく、冷え込みがちな文化セクターの消費財購入を公共的に支える役割も果たしている。また、これらの国々に公共貸与権（公貸権）が導入されていることから分かるように、図書館は文化の生産者である著作者に対する公的な助成制度の担当機関になっている。

2 「奉仕」と「サービス」

量的発展を遂げた

日本の図書館サービスは、国民一人あたりの年間貸出資料点数（二〇〇八年五・一点）のような量的側面だけをみれば、すでにアメリカ（二〇〇七年七・四点）、イギリス（二〇〇七年五・〇点）やドイツ（二〇〇八年四・五点）といった欧米の主要国と比較しても遜色ないレベルに達している。だが、日本の公共図書館が世界レベルに達しているという人はほとんどいない。量的に言えばまだ図書館未設置町村が残っておりすぐに解消されそうもないこと、また、図書館員の専門職的な地位が確立されていないこと、図書館サービスの幅が狭く図書を中心とした資料提供にとどまっていること、などの点からくるものだろう。とくに司書職制度をつくることができなかったことが大きな問題とされる。

また、これは日本人特有の外国に発展モデルを探そうという意識の現れでもある。これらの国々を上回る公共図書館の設置国は、カナダ、オーストラリアなどの英語圏か、フィンランド、デンマークなどの北欧の福祉国家圏しかないので、量的指標は国全体の図書館資源を示す目安にはすでにならなくなっている。どの国にもそのようになった背景の事情があり、どの国でも同様のレベルに達するとは言えない。

「図書館奉仕」

図書館は地域の文化機関としてもっと総合的な発展を示すべきであったのに、なぜ貸出し中心の狭い発展しか示せなかったのかについてはいろいろ議論があるところである。ここでは日本では、図書館でやるべきことを自ら制限してきたのではないかとの仮説を立ててみよう。図書館法（一九五〇年）でも国立国会図書館法（一九四八年）でも、図書館が提供するサービスは「図書館奉仕」と表現されている。奉仕は「奉る」という漢字が入っているように宗教的な起源をもつ言葉で、そこから報酬や見返りを求めることなく、無私の労働を行うという意味が出てくる。奉仕活動といったら「ボランティア」の言い換えである。こうして図書館の活動には図書館職員が奉仕の精神で無償労働を行うというニュアンスを伴っている。おそらく、「奉仕」は「サービス」の訳語であり、英語の「service」にも宗教的な意味があるから最初はそう違和感がなかったのであろう。

図書館が「奉仕」を行う場であるという理解は、公務員は国民の「公僕」（public servant）であるとした戦後の考え方と対応している。だが、それが要求されたものを提供すればよいとする考え方を導き、サービスをダイナミックに展開することを妨げてきたのではないだろうか。あるいは、それを口実にして新たな予算措置を伴うような活動の展開を自ら制限してきたのではないだろうか。

図書館法の翌年にできた博物館法（一九五一年）の第三条では図書館法第三条と同様に活動事項が列挙されているのだが、最初から奉仕という言葉でなく博物館の「事業」という言葉を使っている。「奉仕」と「事業」ではずいぶんとニュアンスが異なる。サービスは経済活動の一環におかれ、何がしかの対価の支払いを前提とする概念に変わってきている。行政サービスもすべてコストがかかるものであるから、行政が直接やるべきことと民間にゆだねられるべきことを「仕分ける」ことが要求されるようになるわけである。行政サービスを事業としてとらえる方が、近年の考え方にふさわしいものと思われる。

3 サービス経済の意識

有料制の導入

ここで、外国の図書館を見るとそのあたりの切り分けが明確である。行政が担当する図書館サービスの範囲を明確にした上で、市場的な経済原理も取り入れながら運営している。サービス提供に市場原理を導入することは財の適正な配分のために必要であるという考え方がそこにはある。

公立図書館でいち早く有料制を全面的に打ち出したのはオランダとドイツである。これらの国は一九九〇年代の新自由主義の影響を受けて受益者負担の原則をつくったが、このなかでドイツの図書館を見る機会があった。ドイツの図書館の約半数は毎年の成人の貸出し登録時に登録料を要求している。三〇から四〇ユーロということだから四〇〇〇～五〇〇〇円程度である。未成年者の登録は無料か極めて低額のところが多い。これによって自由に貸出しを受けることができる。

一般に英米圏や北欧圏の国では、貸出し利用は無料であるが、それ以外の従量制コスト構造になっている部分に受益者負担の原則を入れていることがある。例えば、資料の予約とは利用者が資料を取り置いてもらい優先的な利用権を確保するサービスだと理解されるが、通常の資料利用に対して付加価値的であり有料とされるのが一般的である。また、ベストセラー書、ＣＤやＤＶＤの貸出し、従量制課金の

写真補－2　ダニーデン市立中央図書館のレンタルコレクション（著者撮影，1週間5ドル〈300円程度〉のシールがはってある）

商用データベースの提供、インターネット接続も有料になることが多い（写真補－2）。

これらは、基本的な資料利用の範囲を超えたところで行われるものであるとの理解がまずある。また無料で提供すると市場に対する影響が大きいと考えられている。さらには、資料返却の遅れに対する延滞料徴収も一般的である。これも、返却が遅れることは他の利用者の利用を妨げることになるから、課金によって予防しようということである。

奉仕＝無料サービス

日本の図書館が提供するサービスで課金されているのはコピー料金くらいであり、それ以外に従量制料金がかかるものは提供しない方針を採用することが一般的である。これが奉仕の考え方の典型であろう。「公僕」は出しゃばらず、黙々と要求に応えればよいと。また、資料提供を中心とする考え方から出てきた、利用者に介入しないという考え方とも関わっている。これらが組み合わされて、図書館は利用者の要求に対応してサービスの外形的な整備をするということになった。とくに予約やリクエストのようなサービスを利用者を増やす手段として用いたので、国際常識になっている有料にすることはできないままにきている。

これらをサービスに転換するためには、その財政的な構造を考える必要があるだろう。公共サービスとしてはできるだけ公平で負担を少なくするのが望ましいが、課金できないという考え方はとらない。それを行うのにどれくらいの費用がかかり、そのうち公的にどの程度を支出し、また利用者にどの程度負担してもらうかを考えるのである。公共サービスの利用者負担論では、利用料金が財源の一部になり、需要をコントロールする効果や濫用を防止する効果があるだけでなく、料金をとることがサービスの質に対する信頼を与えたり、利用を増加させたりする効果が指摘されている。

4　サービスの政治経済学的な検討

無料原則の歴史的背景

筆者は一九九〇年代初頭の時点で、有料制サービスがアメリカの公共図書館で広く採用されていることを報告した（根本彰『情報基盤としての図書館』勁草書房）。日本でも九〇年代に図書館の有料サービスについて議論があったが、一般的には図書館法一七条を広く適用し、できるだけ無料サービスを守るという意見が大勢を占めた。有料制は、新自由主義的な風潮に染まった誤まれる商業主義の適用と考えられていたのである。

だが筆者は、図書館法の規定が六〇年前にできたもので、図書館は稀少な資料を集め、その利用も適度なものであって、その活動が市場に影響を与えるようなことはない状況を前提にしていたと考える。

つまり、地域の一部の人たちが文化教養的な書物や専門的な資料、それも多くは閉架書庫に納められたものを館内で閲覧するような利用が普通の状況のなかで規定ができたのである。最初に述べた「奉仕」という概念は、そういう閉鎖性に対してできるだけ利用者に寄り添って支援を行うといった意味合いだったのだろう。

図書館法一七条の適用は柔軟に

それから歳月が過ぎて、図書館はきわめて開放的で誰もが気軽に利用できる施設になった。ポピュラーな資料を用意して大量に貸出すことは当たり前になり、また複本の提供やネットでの予約取り置きサービスも一般的になっている。図書館が提供するものは、利用者を支援する「奉仕」であるよりも、利用者がレンタルサービスやネットでの検索などとともに選択すべきサービス群のひとつに転換しつつあるわけである。

今後、図書館法の枠組み自体の見直しも含めて、こうした政治経済学的議論を深めることによって、図書館サービスあるいは事業の性格をはっきりさせることが必要であるだろう。なお、誤解なきよう最後に付け加えれば、私は図書館法一七条を改正して積極的に有料制サービスを導入すべきと考えているのではなく、図書館サービスをもっとダイナミックに転換するには、「お金」がもつ大きな力をもっと取り入れることが図書館運営にとっても利用者にとっても有効だと考えているのである。一七条に関しては柔軟な解釈をすべきであろう。これが、ビジネス支援や駅前再開発に図書館が駆り出される時代の図書館のあり方である。

註

第1章　日本の知識情報管理

（1）Ｗ・Ｆ・バーゾール『電子図書館の神話』（根本彰ほか訳）勁草書房、一九九八年。
（2）江藤淳『閉ざされた空間――占領軍の検閲と戦後日本』文藝春秋、一九八八年。
（3）ゴードン・Ｗ・プランゲ『トラトラトラ――真珠湾奇襲秘話』（千早正隆訳）日本リーダーズダイジェスト社、一九六六年、ゴードン・Ｗ・プランゲ『ミッドウェーの奇跡』（千早正隆訳）原書房、一九八四年、ゴードン・Ｗ・プランゲ『ゾルゲ――東京を狙え』（千早正隆訳）原書房、一九八五年。
（4）ＮＡＲＡ利用のガイドブックとして、仲本和彦『研究者のためのアメリカ国立公文書館徹底ガイド』凱風社、二〇〇八年、が刊行された。長らく現地で調査を行ってきた著者のノウハウが余すことなく示されており、アメリカ社会において歴史を保存し歴史を再構成するとはどういうことかを知るヒントを得ることができる。
（5）仲本和彦「在米国沖縄関係資料調査収集活動報告Ⅱ――米国国立公文書館新館所蔵の映像・音声資料編」『沖縄県公文書館研究紀要』第九号、二〇〇七年。
（6）次のサイトで見られる。http://www.archives.pref.okinawa.jp/toppage/flm_archas_syasin.html
（7）北岡元『インテリジェンス入門――利益を実現する知識の創造』慶應義塾大学出版会、二〇〇三年、小谷賢『日本軍のインテリジェンス――なぜ情報が活かされないのか』講談社、二〇〇七年、など。

(8) 根本彰「占領初期における米国図書館関係者来日の背景――ALA文書ほかの一次資料に基づいて」『日本図書館情報学会誌』四五巻一号、一九九九年五月、一～一六頁。

(9) その研究の一端は、「占領期図書館研究」の報告書シリーズの一冊『戦後アメリカの国際的情報文化政策の形成』として公表している。http://plng.p.u-tokyo.ac.jp/text/senryoki/index.html を参照のこと。

(10) 根本彰「21世紀の国立国会図書館――二つの機能を評価する」『情報の科学と技術』五七巻一一号、二〇〇七年、五一二～五一八頁。

(11) ゆとり教育は、理念が先走って準備が十分でないままにスタートしたために、現場がついていけずにうまくいかなかったというのが普通の見方である。根本浩『ゆとり教育は本当に死んだのか?』角川書店、二〇〇七年。だが、筆者はそもそも系統的カリキュラムと探究的カリキュラムは相容れないところがあり、そこを調整せずに両方をパラレルに進めようとしたためにうまく行かなかったと考えている。根本彰「学校教育と図書館の関係に寄せて――物語からの脱却」『月刊国語教育』二七巻五号、二〇〇七年七月、一二～一五頁。

(12) 学校図書館についての全体像は次の文献を参照。日本図書館情報学会研究委員会編『学校図書館メディアセンター論の構築に向けて』勉誠出版、二〇〇五年。

(13) ピーター・バーク『知識の社会史――知と情報はいかにして商品化したか』(井山弘幸・城戸淳訳)新曜社、二〇〇四年。

(14) 日本にはバークの言う「知識の社会史」全般を扱った研究は見当たらないが、中山茂『歴史としての学問』中央公論社、一九七四年、が総合的な視野をもった著作で参考になる。

(15) 野口悠紀雄『超・整理法――情報検索と発想の新システム』中央公論社、一九九三年。

(16) 加藤周一『日本文化における時間と空間』岩波書店、二〇〇七年、九〇～九三頁。

(17) 阿部謹也『日本人の歴史意識――「世間」という視角から』岩波書店、二〇〇四年、二〇一頁。

第2章　図書館、知の大海に乗り出すためのツール

（1）竹内洋『教養主義の崩壊――変わりゆくエリート学生文化』中央公論新社、二〇〇三年、苅部直『移りゆく「教養」』NTT出版、二〇〇七年。
（2）ベネディクト・アンダーソン『想像の共同体――ナショナリズムの起源と流行』（白石さや・白石隆訳）NTT出版、一九九七年、が古典的な著作である。
（3）長友千代治『江戸時代の図書流通』思文閣出版、二〇〇二年。
（4）根本彰『続・情報基盤としての図書館』勁草書房、二〇〇四年、四二頁。
（5）藤原正彦『国家の品格』新潮社、二〇〇五年、同『祖国とは国語』新潮社、二〇〇五年。
（6）辻由美『図書館であそぼう――知的発見のすすめ』講談社、一九九九年、菅谷明子『未来をつくる図書館――ニューヨークからの報告』岩波書店、二〇〇三年、千野信浩『図書館を使い倒す！――ネットではできない資料探しの「技」と「コツ」』新潮社、二〇〇五年。
（7）宮内泰介『自分で調べる技術――市民のための調査入門』岩波書店、二〇〇四年。

第3章　交流の場、図書館

（1）デレク・フラワー『知識の灯台――古代アレクサンドリア図書館の物語』（柴田和雄訳）柏書房、二〇〇三年。
（2）『朝日新聞』一九九〇年三月二六日夕刊。
（3）「松岡正剛の千夜千冊 0959」http://www.isis.ne.jp/mnn/senya/senya0959.html
（4）小林麻美「アカデミーヒルズ六本木ライブラリーのアイデンティティ」『情報の科学と技術』vol.56, no.2, 二

〇〇六年、五二～五七頁。
（5） 鈴木理『「物質」から「生命」へ——二〇世紀科学史の転換と日本』、学習研究社、二〇〇九年、第7章「焼け跡の東京、デカルトとの対話」。
（6） 日本図書館協会・日本書籍出版協会『公立図書館貸出実態調査二〇〇三』二〇〇四年（http://www.jla.or.jp/ka-sidasi.pdf）

第4章 「場所としての図書館」をめぐる議論

（1） ウィリアム・F・バーゾール『電子図書館の神話』（根本彰ほか訳）勁草書房、一九九六年。
（2） 根本彰「図書館研究への儀式的アプローチ」『図書館界』四八巻五号、一九九七年、四五二頁。
（3） Carlson, Scott. "The deserted library : as students work online, reading rooms empty out". *The Chronicle of Higher Education*. Vol.48, No.12, 2001, A35–38.
（4） Gorman, Michael. *Our Enduring Values : Librarianship in the 21st Century*. Chicago, ALA, 2000,
（5） Houlihan, Ron. "The academic library as congenial space : more on the Saint Mary's experience". *New Library World*. Vol.106（1208/1209）, 2005. p.7–15.
（6） Shill, Harold B. et al. "Creating a better place : physical improvements in academic libraries, 1995–2002". *College & Research Libraries*. Vol. 64, 2003. p.431–466.
（7） *Library as Place : Rethinking Roles, Rethinking Space*. Council on Library and Information Resources. 2005, vii, 81p.（online）, available from 〈http://www.clir.org/pubs/abstract/pub129abst.html〉
（8） Freeman, Geoffrey T. "The library as place : changes in learning patterns, collections, technology, and use". Ibid. p.1–9.

（9）Bennett, Scott. "Righting the balance". Ibid. p.10–24.

（10）Demas, Sam. "From the ashes of Alexandria : What's Happening in the College Library?" Ibid. p.25–40.

（11）Frischer, Bernard. "The ultimate internet cafe ? : reflections of a practicing digital humanist about designing a future for the research library in the degital age". Ibid. p.41–55.

（12）Peterson, Christina A. "Space designed for lifelong learning : the Dr. Martin Luther King Jr. Joint-use Library". Ibid., p.56–65.

（13）Ibid., p.64.

（14）Oliver, Kathleen Burr. "The Johns Hopkins Welch Medical Library as Base : Information Professionals Working in Library User Environments". Ibid., p.66–75.

（15）虫賀宗博「私の居場所　自殺したくなったら、図書館に行こう——いのちを育てる図書館員の群像」『世界』七四二号、二〇〇五年、二一四～二二五頁、巽照子「特集——関西発居場所は図書館、一人ひとりと向き合う図書館」『子どもの文化』三六巻四号、二〇〇四年、二一～一〇頁、近藤周子「癒しと快復の場としての図書館——私の居場所はここに」『みんなの図書館』二六四号、一九九九、一一～一四頁。

（16）「特集ライブラリー」『*Detail Japan*』1巻2号、二〇〇五年、一～一二八頁。

（17）小林康夫「ドミニク・ペロー・インタビュー——新図書館の計画—それは厳格な純粋理性のエクリチュールです」『建築文化』五四巻（通号六二七）、一九九九年、一六一～一六八頁。

（18）中村恭三「図書館建築と施設計画」『図書館界』五三巻二号、二〇〇一年、二六一～二六六頁。

（19）バーゾール、前掲書、九六頁。

（20）アビゲイル・A・ヴァンスリック『すべての人に無料の図書館——カーネギー図書館とアメリカ文化　一八九〇—一九二〇年』（川崎良孝ほか訳）京都大学図書館情報学研究会、二〇〇五年。

（21） Wheeler, Joseph L. et al. *The American Public Library Building : Its Planning and Design with Special Reference to its Administration and Service*. Scribner's Sons, 1941.
（22） Jones, Theodore. *Carnegie Libraries across America : a Public Legacy*. John Wiley & Sons, Inc., 1997.
（23） 五十嵐太郎『現代建築のパースペクティブ――日本のポスト・ポストモダンを見て歩く』光文社、二〇〇五年。
（24） 近藤存志「コリン・セント・ジョン・ウィルソンの大英図書館とゴシック・リヴァイヴァルの系譜」『現代の図書館』四三巻二号、二〇〇五年、五五～六六頁。
（25） Photo Archives 54 図書館 .10＋1 web site.（撮影：松林正己）（オンライン）、入手先〈http://tenplusone.inax.co.jp/archives/2005/04/08152632.html〉.

第5章　図書館における情報通信技術の活用

（1） これらの点については筆者の前著を参照のこと。根本彰『情報基盤としての図書館』勁草書房、二〇〇二年、根本彰『続・情報基盤としての図書館』勁草書房、二〇〇四年。
（2） そうした考え方を主張した啓発書として、千野信浩『図書館を使い倒す！』新潮新書　二〇〇五年、がある。
（3） インターネットと印刷資料を含めた調査全般の考え方を知るのに役立つものとして、大串夏身『チャート式情報アクセスガイド』青弓社、二〇〇六年、がある。
（4） W・F・バーゾール『電子図書館の神話』（根本彰他訳）勁草書房、一九九六年。
（5） 鈴木尊紘「マスデジタイゼーションプロジェクトと図書館――Google, OCA, MSN, EU デジタル図書館」『現代の図書館』四四巻二号、二〇〇六年。

第7章　貸出しサービス論批判

（1）根本彰『情報基盤としての図書館』勁草書房、二〇〇二年、同『続・情報基盤としての図書館』勁草書房、二〇〇四年。
（2）以上の（1）と（2）については『情報基盤…』2章と『続・情報基盤…』1章で述べた。
（3）（3）については『続・情報基盤…』2章で述べた
（4）『市民の図書館』増補版、一九七六年、一八頁および三五～三六頁。
（5）日本図書館協会図書館政策特別委員会編『公立図書館の任務と目標――解説』日本図書館協会、一九八九年。
（6）貸出を「理論化」するという試みは『市民の図書館』の増補版が出る以前に行われている。塩見昇「「資料提供」機能の進展――「貸出」の実践と理論化を中心に」『図書館界』二八巻二・三号、一九七六年、七四～七八頁。以下、「理論」という言葉を、実践を体系化して説明すると同時に実践を導く論理という意味合いで用いる。
（7）日本図書館協会町村図書館活動推進委員会『図書館による町村ルネサンスＬプラン21――21世紀の町村図書館振興をめざす政策提言』日本図書館協会、二〇〇一年。
（8）『まちの図書館で調べる』柏書房、二〇〇二年、三多摩郷土資料研究会『地域資料入門』日本図書館協会、一九九九年。
（9）前川恒雄『貸出し』日本図書館協会、一九八二年、前川恒雄『われらの図書館』筑摩書房、一九八七年、前川恒雄『前川恒雄著作集』出版ニュース社、一九九九年。
（10）伊藤昭治・山本昭和『本をどう選ぶか――公立図書館の蔵書構成』日本図書館研究会、一九九二年、公立図書館の経営調査委員会『こうすれば利用がふえる――公立図書館の経営』日本図書館研究会、一九九七年、伊藤昭治・山本昭和『公立図書館の役割を考える』日本図書館研究会、二〇〇〇年。

(11) 山本昭和「貸出しをめぐる理論上の諸問題について」『図書館界』四五巻一号、一九九三年、脇坂さおり「九〇年代の貸出し論」『図書館界』五三巻三号、二〇〇一年。

(12) 前川恒雄先生古希記念論集刊行会『いま、市民の図書館は何をすべきか』出版ニュース社、二〇〇一年、伊藤昭治古稀記念論集刊行会編『図書館人としての誇りと信念』出版ニュース社、二〇〇四年。

(13) 神話化は様々なプロセスによって起こるが、多くの人に読まれた一般書の果たした役割は大きい。例えば、石井敦・前川恒雄『図書館の発見』日本放送出版協会、一九八三年、関千枝子『図書館の誕生』日本図書館協会、一九八六年、前川恒雄『われらの図書館』前掲書、同『移動図書館ひまわり号』筑摩書房、一九八八年。これらに加えて、貸出サービスの修正モデルを提示した浦安市立図書館の初代館長竹内紀吉の『図書館の街浦安』未來社、一九八五年、ほか二冊の著書を加えてもよい。これらはすべて一九八〇年代の著作であり、理論化・政策化とともに神話化がこの時期に同時並行的に進められたのである。

(14) 前川恒雄「英国に学ぶ――資料の貸出しについて 二」『図書館雑誌』五八巻六号、一九六四年、に始まり、「英国に学ぶ――整理作業の能率、学校図書館」同誌五九巻一号、一九六五年、まで六回掲載されている。

(15) これは次の文章によく表れている。前川恒雄「貸出し・レファレンス・読書案内――日野市における図書館づくりから」『図書館界』一九巻五号、一九六八年。

(16) この問題については次章で述べる。

(17) 有山崧「訪欧感想」『図書館雑誌』五七巻一号～一〇号、一九六三年。

(18) 前川恒雄『われらの図書館』3章「本をえらぶ」および4章「市民と図書館」などを参照のこと。

(19) 前川恒雄「この時、何をすべきか」『いま、市民の図書館は何をすべきか』前掲書、一四頁。

(20) 前川恒雄「予約サービス――その意義と問題点」『図書館雑誌』六二巻九号、一九六八年。

(21) 薬袋秀樹『図書館運動は何を残したか――図書館員の専門性』勁草書房、二〇〇一年。

(22) アメリカ図書館協会の機関誌『*American Libraries*』に毎号ついている大量の求人広告欄を見よ。また、http://www.ala.org/ala/educationcareers/employment/index.cfm にも情報がある。
(23) 田井郁久雄「「貸出」の発展と職員の専門性」前川恒雄先生古希記念論集刊行会、前掲書、二三〇〜二六一頁。
(24) http://wwwsoc.nii.ac.jp/jslis/liper/index.html を参照。
(25) 私はかつてそれを「書誌コントロール」と呼んだ。今なら知識経営(ナレッジマネジメント)と呼んだほうがよいのかもしれない。とりあえずは、根本彰『文献世界の構造——書誌コントロール論序説』勁草書房、一九九八年。

第8章　地域で展開する公立図書館サービス

(1) 文部科学省生涯学習政策局HPに社会教育調査のデータがアップされている。ここでは平成一七年の総括表を参照した。http://www.mext.go.jp/b_menu/toukei/001/004/h17.htm
(2) 文部科学省生涯学習政策局が毎年調査している地方教育費調査の平成一七年分「全国集計」の第8表を参照した。http://www.mext.go.jp/b_menu/toukei/001/005/06120814/007.htm
(3) 社会教育調査は一九五五年(昭和三〇)からのデータが蓄積されている。そこで示されている「年次統計」データを加工した。http://www.mext.go.jp/b_menu/toukei/001/004/h17/002.xls(参照 2010-09-13)。
(4) 同右。
(5) 根本彰『情報基盤としての図書館』勁草書房、二〇〇二年、と同『続・情報基盤としての図書館』勁草書房、二〇〇四年。
(6) 三多摩郷土資料研究会『地域資料入門』日本図書館協会、一九九九年。

（7）文部科学省生涯学習政策局これからの図書館の在り方調査協力者会議『これからの図書館像――地域を支える情報拠点をめざして』文部科学省、二〇〇六年。

（8）『地域資料に関する調査報告書』国立国会図書館、二〇〇七年。

（9）文部科学省生涯教育政策局「社会教育調査」平成一七年の「調査結果の概要」の表2より。http://www.mext.go.jp/b_menu/toukei/001/004/h17/002.htm。

（10）なお、筆者は現在の司書講習科目を前提にした司書養成体制に関して、これではとうてい専門職の養成とはいえないと考え、学会の関係者とともに共同研究を行い、それをもとにした発言を行った。とりあえずは、根本彰「図書館員養成と大学教育――研究と現場の関係を踏まえながら」日本図書館情報学会研究委員会編『図書館情報専門職のあり方とその養成』（シリーズ・図書館情報学のフロンティア6）勉誠出版、二〇〇六年、一～二〇頁、を参照。

（11）二〇〇七年六月に文化政策学会が創設され、国や自治体の文化政策、そして博物館、美術館、文化ホールなどの経営管理についての議論が行われる場がつくられようとしている。ここでの議論の特徴は国公立の施設であることを前提とせずに民間の機関であっても文化的公共性を探っているところにある。公立が当然であるとされてきた図書館もまた、こうした議論の一部を担う存在になりつつある。http://www.jacpr.jp/

（12）Alios いわき芸術文化交流館ＨＰ　http://iwaki-alios.jp/about/organization.html

（13）竹内比呂也・豊田高広・平野雅彦『図書館はまちの真ん中――静岡市立御幸町図書館の挑戦』勁草書房、二〇〇七年。

第9章　公共図書館学とポスト福祉国家型サービス論

（1）有川浩『図書館戦争』メディアワークス、二〇〇六年、三四五頁（以下、著者と出版者は同じなので省略）。

『図書館内乱』二〇〇六年、三五五頁、『図書館危機』二〇〇七年、三四三頁、『図書館革命』二〇〇七年、三三三頁。

（2）以下、翻訳書がある場合にはそれを参照する。シドニー・ディツィオン『民主主義と図書館』（川崎良孝他訳）日本図書館研究会、一九九四年、ジェシー・H・シェラ『パブリック・ライブラリーの成立』（川崎良孝訳）日本図書館協会、一九八八年、Murison, W.J., *The Public Library : its Origins, Purpose, and Significance as a Social Institution.* George G. Harrap, 1955. 2nd ed., 1971. 3rd ed. Clive Bingley, 1988. Kelly, Thomas, *A History of Public Libraries in Great Britain, 1845–1975,* 2nd ed.（revised）, Library Association, 1977.（この大著の短縮版の翻訳として、トマス・ケリー、イーデス・ケリー『イギリスの公共図書館』（原田勝・常盤繁訳）東京大学出版会、一九八三年、がある）

（3）ディー・ギャリソン『文化の使徒――公共図書館・女性・アメリカ社会　一八七六―一九二〇年』（田口瑛子訳）日本図書館研究会、一九九六年、Michael H. Harris, "The purpose of the American public library : a revisionist interpretation of history," *Library Journal,* Vol. 98, p.2509–2514. ウェイン・ヴィーガンド『司書職の出現と政治――アメリカ図書館協会一八七六―一九一七年』（川崎良孝他訳）京都大学図書館情報学研究会、二〇〇七年、四四二頁。

（4）Black, Alistair. A New History of the English Public Library : Social and Intellectual Contexts, 1850–1914, Leicester University Press, 1996.

（5）マイケル・H・ハリス『図書館の社会理論』根本彰編訳、青弓社、一九九一年。アリステア・ブラック、デーブ・マディマン『コミュニティのための図書館』（根本彰・三浦太郎訳）東京大学出版会、二〇〇四年、ジョン・ブッシュマン『民主的な公共圏としての図書館――新公共哲学の時代に司書職を位置づけ持続させる』（川崎良孝訳）京都大学図書館情報学研究会、二〇〇七年。

（6）Ｓ・Ｒ・ランガナタン『図書館学の五法則』（森耕一監訳）日本図書館協会、一九八一年。最近になって竹内悊『図書館の歩む道――ランガナタン博士の五法則に学ぶ』（日本図書館協会、二〇一〇年）が出て、後の思想を理解しやすくなった。

（7）ピアース・バトラー『図書館学序説』（藤野幸雄訳）日本図書館協会、一九七八年、ジェシー・Ｈ・シェラ『図書館の社会学的基盤』（藤野幸雄訳）日本図書館協会、一九七八年、ペーター・カールシュテット『図書館社会学』（加藤一英・河井弘志訳）日本図書館協会、一九八〇年。

（8）文部科学省これからの図書館の在り方検討協力者会議『これからの図書館像――地域の情報拠点をめざして』文部科学省、二〇〇六年。

（9）「海外の図書館の状況調査の概要」http://www.mext.go.jp/a_menu/shougai/tosho/shiryo/05062301/002_03.htm

（10）「第一回議事要旨」http://www.mext.go.jp/a_menu/shougai/tosho/yousi/05091601.htm

（11）『諸外国の公共図書館に関する調査報告書』シィー・ディー・アイ、二〇〇五年、奥付には平成一七年三月（二〇〇五年三月）出版と記載されているが、実際に配布されたのは一年以上遅れた二〇〇六年の八月である。

（12）http://www.mext.go.jp/a_menu/shougai/tosho/houkoku/06082211.htm、日本図書館協会のメールマガジン（316号 2006/8/16 配信）および国立国会図書館の「カレントアウェアネス―Ｒ」（二〇〇六年九月一三日）で報知された程度であろう。

（13）二〇〇六年一〇月に文部科学省生涯学習政策局が通達「公立社会教育施設整備費補助金に係る財産処分の承認等について」を改訂し、社会教育施設の他への転用が可能になった。『ＪＬＡメールマガジン』三三一号、二〇〇六年一一月二九日配信（http://www.jla.or.jp/archives/331.txt）。

（14）藤田英典『義務教育を問いなおす』筑摩書房、二〇〇五年。

（15）根本彰「貸出サービス論批判――一九七〇年代以降の公立図書館をどう評価するか」『図書館界』五六巻三

号、二〇〇四年、一六一～一六八頁。本書第七章として収録。
(16) 根本彰「コミュニティのための図書館——日英の比較から」『図書館雑誌』一〇〇巻五号、二〇〇六年、二六七～二六九頁。
(17) 「特集：図書館パフォーマンス指標と経営評価の国際動向」『現代の図書館』四〇巻三号、二〇〇二年。
(18) 日本図書館情報学会研究委員会編『図書館の経営評価』（シリーズ・図書館情報学のフロンティア3）勉誠出版、二〇〇三年に掲載された諸論文を参照のこと。
(19) 小倉親雄『アメリカ図書館思想の研究』日本図書館協会、一九七七年、森耕一『公立図書館の歴史と現在』日本図書館協会、一九八六年、川崎良孝『アメリカ公立図書館成立思想史』日本図書館協会、一九九一年など、京都大学の研究者による研究の系譜がある。翻訳書については前掲（2）を参照。
(20) 森耕一『図書館の話』至誠堂、初版一九六六年、改訂版一九六九年、第三版一九七八年、第四版一九八一年。
(21) マシュー・バトルズ『図書館の興亡——古代アレクサンドリアから現代まで』（白須英子訳）草思社、二〇〇四年。
(22) 森耕一『近代図書館の歩み』至誠堂、一九八六年、第二版、一九九二年。
(23) 同右、初版、四頁。
(24) 石井敦・前川恒雄『図書館の発見』日本放送出版協会、一九七三年。
(25) 石井敦『日本近代公共図書館史の研究』日本図書館協会、一九七二年。
(26) 小川徹・泉和久・小黒浩司『公共図書館サービス・運動の歴史』日本図書館協会、二〇〇六年、二冊（図書館実践シリーズ）。
(27) 松本直樹「公立図書館経費の経時分析」『東京大学大学院教育学研究科紀要』四七巻、二〇〇七年、三六七～三七四頁。

(28) 一九八〇年前半の図書館事業振興基本法案の動きは、日本でも図書館がそうした国家的な枠内に含められる可能性があったことを示す。その経緯の分析のためにとりあえず、当時の日本図書館協会事務局長栗原均へのインタビューが有益である。「関西の現場から図書館協会へ　経営的手腕をもった異色の図書館人　栗原均」『ず・ぼん』第九号、二〇〇四年。

(29) 森耕一『図書館の話』改訂版、三一七～三二六頁。

(30) 同右、三三七頁。

(31) かつての「知る自由」がこの時期に「知る権利」と表記されるようになって、図書館の自由に関する宣言の解説文にも現れるようになった。渡辺重夫『図書館の自由と知る権利』青弓社、一九八九年。

(32) ヴァーナ・L・パンジトア『公共図書館の運営原理』（根本彰ほか訳）勁草書房、一九九三年。

(33) 田村俊作・小川俊彦『公共図書館の論点整理』勁草書房、二〇〇八年。

(34) 同右、iii頁。

(35) 本章を補う実践的立場から公共図書館学の確立を求める論考として、薬袋秀樹「日本における公共図書館学の実践的課題――戦後公立図書館界の問題点と改革の指針」日本図書館情報学会研究委員会編『図書館情報学のアイデンティティ』（論集・図書館情報学研究の歩み　第一八集）日外アソシエーツ、一九九八年がある。

(36) Locher, Lilo, “Public library fees in Germany,” Journal of Cultural Economics, Vol. 29, No. 4, 2005. p.313-324.

初出一覧

第1章　「日本の知識情報管理はなぜ貧困なのか――図書館・文書館の意義」『図書館・アーカイブズとは何か』（別冊環一五号）藤原書店、二〇〇八年、五九～七〇頁。
第2章　「図書館、知の大海に乗り出すためのツール」『草思』二〇〇四年三月、六～一二頁。
第3章　「交流の場図書館――日本での可能性」『国際交流』一〇三、二〇〇四年四月、六五～七〇頁。
第4章　「「場所としての図書館」をめぐる議論」『カレントアウェアネス』二八六号、二〇〇五年、一一～一五頁。
第5章　「公立図書館における情報通信技術の活用」『月刊自治フォーラム』五六八号、二〇〇七年一月、一九～二五頁。
第6章　「公立図書館の公共性を問う」『都市問題』九六巻九号、二〇〇五年九月、五二～六〇頁。
第7章　「貸出サービス論批判――一九七〇年代以降の公立図書館をどう評価するか」『図書館界』五六巻三号、二〇〇四年九月、一六一～一六八頁。
第8章　「地域において展開する図書館サービス――続・貸出しサービス論批判」『図書館界』五九巻四号、二〇〇七年、二四四～二五二頁。

第9章　「日本の公共図書館学とポスト福祉国家型サービス論」日本図書館情報学会研究委員会編『変革の時代の公共図書館――そのあり方と展望』勉誠出版、二〇〇八年、一九～三八頁。
各章コラム　「いわきの総合型図書館に期待する」『いわき民報』二〇〇六年一〇月一二～一八日連載。
補章　「「図書館奉仕」vs.「サービス経済」」『Maruzen Library News』第九号、二〇一〇年二月、四～五頁。

な　行

は　行

さ　行

た　行

事項索引

や・ら行

人名索引

≪著者紹介≫

根本　彰（ねもと・あきら）

1954年　福島県生まれ。

1978年　東京大学教育学部卒業。

1984年　東京大学大学院教育学研究科博士課程単位取得退学。

図書館情報大学助教授，東京大学大学院教育学研究科助教授などを経て，
現　在　東京大学大学院教育学研究科教授。

著　書　『文献世界の構造——書誌コントロール論序説』勁草書房，1998年。

『情報基盤としての図書館』勁草書房，2002年。

『続・情報基盤としての図書館』勁草書房，2004年。

『つながる図書館・博物館・文書館——デジタル化時代の知の基盤づくりへ』共編著，東京大学出版会，2011年。

『探求学習と図書館——調べる学習コンクールがもたらす効果』編著，学文社，2012年。

『シリーズ 図書館情報学』全３巻，編著，東京大学出版会，2013年，ほか。

理想の図書館とは何か
——知の公共性をめぐって——

2011年10月20日　初版第１刷発行　〈検印省略〉
2013年８月10日　初版第３刷発行

定価はカバーに
表示しています

著　者　根　本　彰
発行者　杉　田　啓　三
印刷者　藤　森　英　夫

発行所　株式会社　ミネルヴァ書房
607-8494　京都市山科区日ノ岡堤谷町１
電話代表（075）581-5191
振替口座　01020-0-8076

亜細亜印刷・兼文堂

ISBN978-4-623-06097-9
Printed in Japan